Christian Dose

USA

IM WOHNMOBIL

Vorbereitung | Fahrzeuge
Expertenwissen | Routen

360° medien

IMPRESSUM

USA im Wohnmobil – Vorbereitung, Fahrzeuge, Expertenwissen, Routen
Christian Dose

Nachtigallenweg 1 | 40822 Mettmann
360grad-medien.de

Redaktion und Lektorat: 360° medien

Satz und Layout: Elke Gräfe

Gedruckt und gebunden:
LD Medienhaus GmbH & Co. KG | Van-Delden-Str. 6-8 | 48683 Ahaus
www.ld-medienhaus.de

Bildnachweis: siehe Seite 288

ISBN: 978-3-96855-328-3
Hergestellt in Deutschland

360grad-medien.de

Christian Dose

USA

IM WOHNMOBIL

Vorbereitung | Fahrzeuge
Expertenwissen | Routen

360° medien

VORWORT

„Oh wie cool, das möchte ich auch einmal erleben!" Diese und ähnliche Reaktionen bekommt, wer im Freundes- oder Kollegenkreis von einem Wohnmobiltrip in den USA schwärmt. Kein Wunder: Ein Roadtrip durch die Vereinigten Staaten mit einem „RV" (Recrational Vehicle), wie die Amerikaner die rollenden Ferienwohnungen nennen, gilt als Inbegriff von Freiheit und Abenteuer! Für viele die Traumreise schlechthin. Wie wäre es beispielsweise mit einem Lagerfeuer vor der Szenerie des Monument Valley, einem Sonnenuntergang vor den roten Felsen des Arches National Park oder einer Nacht mit Meeresrauschen auf den Florida Keys?

Damit eine Rundreise mit dem Camper tatsächlich unvergesslich wird und die hohen Erwartungen in Erfüllung gehen, liefert dieses Buch viel Wissenswertes – ganz getreu dem Gedanken „Camper-Trip für Dummies". Vom Finden des schönsten Stellplatzes zum Übernachten bis zum unvermeidlichen Leeren der Abwassertanks: All Ihre Fragen rund um eine Reise mit dem Wohnmobil werden auf 288 Seiten beantwortet, ergänzt um Fotos von vielen traumhaften Campingplätzen und sehnsuchtweckenden Reisezielen.

Im ersten Teil des Buches finden Sie viele praktische Informationen für Ihren Roadtrip. Fallstricke bei der Planung werden aufgezeigt und die unterschiedlichen Typen von Wohnmobilen vorgestellt. Schließlich der große Moment, wenn das Eigenheim auf Zeit abgeholt wird. Weiter geht es mit dem „ersten Mal": die ersten Meilen auf dem Highway, der erste Einkauf, die erste Nacht. Damit auch der weitere Urlaub harmonisch verläuft und unvergesslich bleibt, folgen viele Empfehlungen für den Alltag im Wohnmobil, on the road und auf dem Campingplatz. Und für den Fall, dass es doch Probleme gibt, finden Sie grundlegende Tipps zum Umgang mit Pannen, Strafzetteln und Unfällen.

Und welches ist nun der schönste Roadtrip? Im zweiten Teil dieses Buches können Sie auf zehn ausgewählten Routen schon einmal gedanklich voraus reisen: von der Traumstraße Highway 1 in Kalifornien über The Great West in Wyoming mit dem Topziel Yellow-

Traum für viele: mit dem „RV“ durch die USA

stone National Park und die legendäre Route 66 ab Chicago bis zu den Weiten Alaskas. Bei so viel Auswahl und Inspirationen fällt die Entscheidung schwer. Doch seien Sie unbesorgt: einmal Wohnmobil, immer wieder Wohnmobil!

Und eines werden Sie ohnehin unterwegs schnell merken: Innerhalb weniger Tage entwickelt sich der Camping-Anfänger zum Profi. Beim ersten Mal wirkt gerade die Wasserversorgung noch komplex, ist danach nur noch lästige (oder lässige?) Routine, ebenso das Rangieren auf dem Campground. Und wenn abends das Dinner im offenen Feuer oder auf dem Grill brutzelt, während die Sonne kitschig-schön rot inmitten unvergesslicher Natur untergeht, dann spürt es jeder schnell: das Gefühl von Freiheit und Abenteuer!

Gute Inspirationen und viel Spaß beim Lesen, Planen und Campen wünscht

Christian Dose

INHALTSVERZEICHNIS

RV im Red Canyon (Utah)

Hinweise: Während der Recherche zu diesem Buch änderten Lokale und Besucherattraktionen aufgrund der Corona-Pandemie immer wieder ihre Arbeitsweise. Darum wurde bei den Service-Informationen auf die Angabe von Öffnungszeiten verzichtet. Allen Reisenden sei empfohlen, sich aktuell vor Ort bzw. auf den aufgeführten Internetseiten zu informieren.

Aus Gründen der besseren Lesbarkeit wird auf eine geschlechtsneutrale Differenzierung verzichtet. Entsprechende Begriffe gelten im Sinne der Gleichbehandlung grundsätzlich für alle Geschlechter. Die verkürzte Sprachform beinhaltet keine Wertung.

Teil 1: Service

Perfekter Platz fürs Campen

1. Roadtrip planen

Ein Roadtrip mit dem Wohnmobil steht für viel Freiheit und Abenteuer pur. Doch welches Wohnmobil passt für mich am besten? Worauf muss ich bei der Abholung achten? Wie bekomme ich Frischwasser? Auf alle wichtigen Fragen finden sich in den zehn Kapiteln des ersten Abschnittes die passenden Antworten – von der Planung einer Reise mit dem „RV“ über die Abholung und den Alltag bis zur Abgabe. Wer im Vorfeld ansatzweise plant und sich auch der Frage „Campingplatz vorbuchen oder nicht“ widmet, kann seinen Urlaub mit der rollenden Ferienwohnung noch mehr genießen. Der Traum vom Trip mit dem Wohnmobil wird wahr!

Hinweise:

Alle Preise sind ohne Mehrwertsteuer angegeben.
Bei Campingplätzen in National und State Parks sowie National Monuments kann neben den angegebenen Kosten für einen Stellplatz noch eine Eintrittsgebühr anfallen.

On the Road

1. ROADTRIP PLANEN

Natürlich lässt es sich mit dem Wohnmobil ungezwungen und mit viel persönlicher Freiheit cruisen. Schließlich sind bequeme Betten sowie Küche und Dusche immer an Bord und ermöglichen viel Freiraum für eine individuelle Reise. Doch auch wer bei einem Roadtrip mit einem sogenannten RV (Recreational Vehicle) die USA erleben möchte, sollte sich vorab einige Gedanken zur geplanten Tour machen: Welcher Monat ist für eine bestimmte Region besonders gut geeignet? Wie lang ist die Route? Sind beispielsweise Reservierungen für Nationalparks nötig oder Straßen zuweilen gesperrt? Lässt sich in Großstädten gut parken?

Und nicht zu vergessen: Gerade bei einer Tour mit dem Wohnmobil sollten Urlauber nicht zu viele Meilen, Stopps und Besichtigungen einplanen. Auch wenn moderne und PS-starke Fahrzeuge die gleiche Höchstgeschwindigkeit wie ein Pkw erreichen, so sehr unterscheiden sich die Fahreigenschaften, etwa beim Beschleunigen oder in Kurven, und sind dadurch insgesamt langsamer. Zudem

Campingplatz mit Meeresrauschen: Refugio State Beach in Kalifornien

kosten notwendige und regelmäßige Aktivitäten (beispielsweise Frischwasser und Brauchwasser auffüllen) Zeit. Wer also möglichst schnell von A nach B – gerade bei Großstädten – kommen möchte, bucht besser Mietwagen und Motel bzw. Hotel. Mit dem Wohnmobil hingegen gilt eher: Der Weg ist das Ziel.

1.1 Beste Reisezeit

Die gute Nachricht vorweg: Für jeden Monat findet sich ein passendes Reiseziel! Doch nicht alle Regionen sind in jeder Reisezeit gleichermaßen gut zu bereisen. Daher starten Urlauber die Planung eines Roadtrips am besten mit der Wahl des Reiseziels.

Unterwegs im Zion National Park

Grundsätzlich gilt: Je weiter südlich die gewünschte Region liegt, desto weniger eignet sich das Ziel in den Sommermonaten. Nicht nur Hitze und Schwüle sowie Schnee und Kälte können die Urlaubsfreude trüben, sondern zuweilen auch Wirbelstürme (im Regelfall zwischen Juli und November). Immerhin: Wer mit dem Wohnmobil unterwegs ist, kann auf Hurrikans einigermaßen flexibel reagieren als Reisende mit Mietwagen und vorreservierten Hotels. Mit hohen Temperaturen müssen Urlauber indes beispielsweise auch in Nevada, Utah und New Mexico rechnen, wenn sie diese Regionen im Sommer erkunden möchten.

Umgekehrt gilt: Je weiter nördlich, desto besser im Sommer! Gerade Alaska sowie das angrenzende Yukon im benachbarten Kanada bieten sich für eine Rundreise im Hochsommer an. Auch Regionen wie Washington State sowie Montana und Wyoming lassen sich vor allem im Sommer gut bereisen: Denn Schneefälle selbst im Mai und September sind im legendären Yellowstone National Park nicht ungewöhnlich.

Unabhängig vom Wetter sprechen auch andere Gründe für oder gegen eine Region zu einer bestimmten Jahreszeit: Die Neuengland-Staaten beispielsweise locken gerade mit dem herbstlichen Indian Summer, wenn die Bäume farbenfroh erstrahlen – mit dem Höhepunkt im Oktober. Hingegen ist Florida für den Spring Break im März bekannt, wenn tausende Urlauber und Studenten den Sunshine State bevölkern und gerade die Küsten sehr stark bevölkert sind.

Beste Reisezeit	
Monat	**Besonders geeignet unter anderem in**
Januar	Florida
Februar	Arizona, Florida
März	Florida, Texas
April	Florida, Texas, Nevada, südliches Kalifornien
Mai	Kalifornien, Utah, Florida, Arizona, Georgia, Texas
Juni	Alaska, Colorado, Great Lakes, Kalifornien, Maryland, Montana, Neuenglandstaaten, Oregon, Texas, Utah, Virginia, Wyoming
Juli	Alaska, Colorado, Great Lakes, Kalifornien, Maryland, Montana, Neuenglandstaaten, Oregon, Utah, Virginia, Wyoming
August	Alaska, Colorado, Great Lakes, Kalifornien, Maryland, Montana, Neuenglandstaaten, Oregon, Utah, Virginia, Wyoming
September	Utah, Arizona, Kalifornien, Neuengland-Staaten
Oktober	Arizona, Kalifornien, Neuengland-Staaten
November	Südliches Arizona, südliches Kalifornien
Dezember	Arizona, Florida

Wichtig für Winterreisen: Um das Wohnmobil vor Frostschäden zu schützen, werden diese im Regelfall bei Abholstationen, wo im Winter die Temperaturen unter den Gefrierpunkt sinken, quasi winterfest gemacht. Dazu wird das Wasser abgelassen und teilweise durch Frostschutz ersetzt. Somit gibt es kein fließend Wasser in der Küche sowie im Bad. Ausnahme: Mit Frostschutzmittel dürfen Toiletten benutzt werden. Heizung, Kühlschrank und Herd funktionieren aber wie gewohnt.

1.2 Streckenlänge und Fahrtzeiten

Natürlich möchte jeder in seinen Ferien möglichst viel sehen und erleben. Doch gerade bei Reisen mit dem Wohnmobil sollten Urlauber nach dem Motto „Weniger ist mehr" planen! Sonst laufen Reisende schnell Gefahr, Land und Leute nur vom motorisierten Ferienheim aus zu erleben.

Wie viele Meilen kann man aber denn nun pro Tag „schaffen"? Wie weit und lang die täglichen Etappen ausfallen, hängt natürlich auch von persönlichen Vorlieben und Erfahrungen ab. Als Faustformel für die Planung empfiehlt es sich, im Regelfall nicht mehr als 200 Meilen (also etwa 320 Kilometer bzw. rund vier bis fünf Stunden reine Fahrzeit) pro Tag Wohnmobilmiete einzuplanen, wobei die Tage der Übernahme und Rückgabe besser nicht mitzählen.

Übernachten im Joshua Tree National Park

Beispiel: Bei einer Mietdauer von 14 Tagen sind also beispielsweise 2400 Meilen (pro Tag etwa 200 Meilen) einigermaßen stressfrei machbar, wenn wie empfohlen der erste und der letzte Tag nicht eingerechnet werden. Hinzu kommt: Mehr noch als bei einer Tour mit dem Auto lohnt es sich, nicht nur eine Nacht an einem Ort zu verweilen. So wechseln sich idealerweise Fahrtage, dann entsprechend mit längerer Strecke, mit mehrtägigen Aufenthalten an einem Ziel ab. So könnte man beispielsweise an einem Tag von Los Angeles zum Joshua Tree National Park fahren und für zwei Nächte auf dem Black Rock Canyon Campground einchecken. Dann bleibt viel Zeit, an einem ganzen Tag das einzigartige Schutzgebiet – bekannt für bezaubernde Joshua Trees und eigenwillige

Felsformationen – zu erkunden. Abgesehen von den Meilen im Park ersparen sich Traveller an dem Tag die Fahrerei zum nächsten Ziel.

1.3 Grobe Routenplanung

Wenn die geplante Reiseregion feststeht, kann die tatsächliche Streckenplanung beginnen. Die Vorfreude steigt – kein Wunder, dass auch die Vorbereitungen für viele Reisende zum Urlaubsvergnügen dazu zählen. Zwar empfiehlt es sich, nicht jeden Tag konkret zu planen. Doch eine grobe Zeiteinteilung zahlt sich aus, um unliebsame Überraschungen wie saisonal gesperrte Straßen und Reservierungspflichten für Nationalparks möglichst zu vermeiden.

Zur Planung bieten sich natürlich Onlinedienste und Apps wie GoogleMaps an. Für einen ersten Überblick können aber auch eine Landkarte und die passende Zahl an Spielsteinen – für jeden Reisetag beispielsweise eine Figur von „Mensch ärgere Dich nicht" – herangezogen werden.

Anreise
Zunächst sollte die Anreise zum Ort der Wohnmobilabholung geklärt werden: Populäre Ziele wie Miami, Denver oder San Francisco werden jeden Tag von Deutschland aus nonstop angeflogen. Andere beliebte Orte wie beispielsweise Las Vegas, Phoenix oder Anchorage hingegen lassen sich per Nonstopflug nur an ausgewählten Tagen erreichen. Und da ein Nonstopflug erheblich komfortabler ist, können mögliche Flugtage die Reiseroute maßgeblich beeinflussen.

Hinzu kommt: Aus versicherungstechnischen Gründen darf in den USA ein Wohnmobil erst ein Tag nach einem internationalen Langstreckenflug übernommen werden. Wer donnerstags landet, kann also erst freitags sein rollendes Heim abholen. Zudem sollten zwei weitere Faktoren bei der Planung berücksichtigt werden: Viele Stationen sind an Samstagen und/oder Sonntagen nicht geöffnet. Und die Abholung ist meist nur nachmittags möglich – lediglich bei einigen Vermietern ist es möglich, gegen Aufpreis das Fahrzeug schon vormittags abzuholen (Details zur Abholung siehe Kapitel 3.2). Die Rückgabe wiederum muss im Regelfall vormittags erfolgen.

Je nach Reisewunsch sind zuweilen auch Abstecher in die Nachbarländer angedacht: Ein Abstecher nach Kanada ist meist problemlos möglich. Allerdings kann das Fahrzeug trotzdem nur in den USA zurückgegeben werden. Beachtet werden müssen meist nur die jeweiligen Einreiseregeln. Ausflüge nach Mexiko hingegen verbieten viele Verleihfirmen.

Typische „Site" auf einem Campingplatz

Fahrten abseits geteerter Straßen auf sogenannten Gravel Roads oder Pisten sind meist nicht gestattet respektive nicht versichert. Ausnahmen bestehen bei kurzen Zufahrten zu Campingplätzen sowie für die bekannten Highways Taylor und Top of the World: Sie verbinden die Kleinstadt Tok in Alaska mit dem Goldgräber-Ort Dawson City im kanadischen Yukon.

Roundtrip oder One-Way?

Ebenfalls von grundsätzlicher Bedeutung für die Planung: Ist eine Rundreise angedacht? Oder wird das Wohnmobil an einem anderen Ort als den Anmiete-Ort zurückgegeben?

Bei einer Rundreise entfallen die zusätzlichen Kosten für die sogenannte Einwegmiete. Diese Gebühr kann je nach Anbieter und Entfernung zwischen 250 und 800 US-Dollar betragen. Je nach Region, Reisedauer und avisierten Zwischenstopps kann es aber durchaus auch sinnvoll sein, von A nach B zu reisen und das Fahrzeug an einem anderen Ort wieder abzugeben. Dadurch spart man sich im Gegenzug die Spritkosten und Reisezeit für die Rückreise. So bietet es sich beispielsweise bei einer Tour entlang der Pazifikküste an, das Fahrzeug in Seattle abzuholen und in San Diego oder Los Angeles abzugeben. Wer hingegen die Nationalparks im Südwesten (beispielsweise Grand Canyon und Arches) ansteuert, ist besser mit einer Rundreise ab/bis Las Vegas oder Phoenix bedient. Auch bei Rundreisen durch die Neuenglandstaaten (ab/bis Boston), Alaska (ab/bis Anchorage) oder durch Florida (ab/bis Miami oder ab/bis Orlando) kann problemlos auf eine Einwegmiete verzichtet werden (konkrete Routenempfehlungen siehe Teil B, Routen).

Reisedauer

Gerade bei einer Wohnmobiltour gilt: je länger, desto besser! Denn allein die Anmietung und Rückgabe kosten de facto zwei Reisetage. Zudem berechnen die Vermieter zahlreiche Einmalgebühren, die bei kürzerer Reisedauer überproportional die Urlaubskasse belasten. Dazu zählen beispielsweise die sogenannten

Unterwegs zu den Red Rocks

Kitchen Kits für Teller, Töpfe und mehr sowie die Personal Kits mit Handtüchern und Bettwäsche (mehr zum Budget siehe Kapitel 1.5). Außerdem setzen viele Anbieter eine bestimmte Reisedauer voraus, beispielsweise fünf Tage.

Erfahrungsgemäß lohnt eine Wohnmobilmiete – aus rein praktischer und finanzieller Sicht – ab etwa zehn Reisetagen. Daher mieten viele Urlauber ein Fahrzeug gern über zwei bis drei Wochen. Wer hingegen längere Zeit unterwegs ist und nur eine bestimmte kleine Region naturnah erleben möchte, für den lohnt möglicherweise auch eine kürzere Reisedauer mit dem RV. Gleiches gilt, wenn Reisende erst einmal nur kurz die Urlaubsform „Wohnmobil" austesten möchten – beispielsweise bei einer achttägigen Tour durch Kalifornien von San Francisco nach Los Angeles (siehe Roadtrip 1, Kapitel Routen).

Bei der konkreten Reiseplanung sollten idealerweise auch Puffertage integriert werden. Denn gerade wer mit dem RV unterwegs

ist, will flexibel sein können. So möchte man vielleicht spontan an einem Ort länger verweilen, weil schlechtes Wetter die geplanten Aktivitäten durchkreuzen oder weil es „einfach zu schön" ist. Oder der Globetrotter entdeckt zusätzliche Ziele, die vorab nicht eingeplant waren. Und nicht zuletzt muss beispielsweise mit plötzlichen Straßensperrungen nach Unwettern oder gar Defekten am Fahrzeug gerechnet werden. Insbesondere zum Ende einer Reise sollte entweder direkt ein Puffertag vorgesehen werden – oder die Route so gewählt werden, dass notfalls ein Zwischenstopp entfallen kann.

Regionale Restriktionen

Bei der Streckenplanung werden Reisende schnell feststellen, dass in manchen Regionen örtliche Beschränkungen oder bei Ausflügen nur begrenzte Kapazitäten bestehen. Wer hier nicht aufpasst, dem entgehen möglicherweise geplante Aktivitäten – von zeitfressenden Alternativrouten ganz abgesehen.

Als bestes Beispiel für ein mögliches „planbares" Hindernis und nerviges Nadelöhr gilt wohl der Tioga Pass im kalifornischen Yosemite National Park: Wer im Westen der USA von Ost nach West (oder umgekehrt) reisen möchte, nutzt oftmals diese Panoramastraße als kurze und schnelle Verbindung durch die Sierra Nevada. Doch angesichts der erwartbaren Schneemassen ist die Passstraße grundsätzlich im Winter gesperrt – meist von Oktober/November bis Mai/Juni. Ähnliches gilt beispielsweise für den Independence Pass (Colorado).

Tioga Pass: nur im Sommer zu passieren

Ebenfalls saisonale Beschränkungen gelten beispielsweise für den North Rim des Grand Can-

Blick über das Death Valley

yon National Park (geschlossen ab etwa 15. Oktober bis 15. Mai) sowie den Yellowstone National Park, wo die Campingplätze nur zwischen Mai und Oktober geöffnet sind. Hinzu kommt: Selbst wenn Attraktionen und Sehenswürdigkeiten zugänglich sind, könnten Campgrounds schon geschlossen sein. Oder umgekehrt: Mitte September kann der Yellowstone National Park sehr reizvoll sein, wenn es langsam leerer wird und sich die Bäume herbstlich färben – selbst wenn dann manche Aktivität wie etwa die Bootsfahrt auf dem Yellowstone Lake nicht mehr möglich ist.

Zwar ist das Death Valley auch an heißen Sommertagen zugänglich. Doch viele Wohnmobilfirmen verbieten die Durchfahrt in den Sommermonaten. In diesem Fall besteht kein Versicherungsschutz, falls der Urlauber dennoch das Death Valley durchquert.

Angesichts der steigenden Besucherzahlen wurden mittlerweile Reservierungspflichten für manche Nationalparks eingeführt: Bekannteste Beispiele sind der Arches und der Rocky Mountain National Park. Hier gilt für die besonders beliebten Monate die Vorgabe, einige Zeit im Voraus ein sogenanntes Timed-Entry-

Ticket zu reservieren. Im Arches National Park beispielsweise für den Zeitraum von Anfang April bis Anfang Oktober: Tickets werden jeweils einige Monate vorher freigeschaltet. Nur früh morgens und nachmittags wird keine Reservierung benötigt – ebenso davon befreit sind Reisende mit einer Reservierung für den Campingplatz Devils Garden.

Und auch innerhalb der Schutzgebiete ist manche Wanderung nicht mehr spontan machbar: So wurde für den populären Trail Angels Landing im Zion National Park eine Reservierungspflicht eingeführt. Überdies werden zahlreiche Aktivitäten offeriert, die ebenfalls vorab gebucht werden müssen – beispielsweise die geführten Besichtigungen der Felsenwohnungen (Cliff Dwellings) im Mesa Verde National Park. Ausgedehnte Touren ins sogenannte Back Country (also das „Hinterland" in Schutzgebieten) oder eine Übernachtung in der Phantom Ranch inmitten des Grand Canyon erfordern ohnehin eine längere Vorplanung.

Doch nicht nur Restriktionen für Nationalparks und Straßen sowie Wetter und Klima im Allgemeinen können die Reiseplanung beeinflussen: Auch für weitere Aktivitäten und organisierte Ausflüge sollten Reisende im Voraus die Verfügbarkeit prüfen und ggf. entsprechend buchen. Dazu zählen unter anderem die Besichtigungen der bekannten Slot Canyons Upper und Lower Antelope Canyon sowie Bootsfahrten auf dem Lake Powell, beide in Page (Arizona). Aber auch für Vergnügungsparks wie etwa Disney World in Orlando oder das Dolphin Research Center auf den Florida Keys sind zuweilen kurzfristig keine Tickets mehr erhältlich.

1.4 Wo übernachten? Arten von Campingplätzen

Der Traum vom ungezwungenen, individuellen Roadtrip mit dem Wohnmobil lebt noch immer. Ein Camper-Trip verspricht Freiheit und Abenteuer. Gerade die staatlichen Campingplätze in National und State Parks stehen für Natur und Entspannung pur – zuweilen mit traumhafter Aussicht. Auch viele private Anlagen können mit guter Lage sowie teils großem Komfort bis hin zum Swimmingpool punkten – meist aber zu höheren Stellplatzkosten als auf staatli-

Manche Campingplätze in der Natur wie beispielsweise im Kodachrome Basin State Park ...

chen Anlagen. Auch „Wildes Campen" – also „einfach" dort übernachten, wo es einem gefällt – ist trotz vieler Regeln teilweise möglich. In den USA wird „Wild Campen" oft als „Boondocking" oder „Dispersed camping" bezeichnet.

Ausstattung von Campingplätzen

Egal ob staatlich oder kommerziell: Die meisten Stellplätze auf den zahllosen Campgrounds verfügen über einen fest installierten Picknicktisch samt Bänken sowie eine Feuerstelle mit der Möglichkeit zum Grillen. Je nach Größe der Anlage stehen die Camper eher dicht beieinander oder weitläufig. Zuweilen gibt es einen kleinen Shop, in dem Feuerholz, Lebensmittel und ähnliches erhältlich sind. Toiletten sind im Regelfall immer vorhanden, bei Plätzen in der Natur indes meist nur als Plumpsklo (ohne Wasserspülung, bekannt als Pit toilet, Vault toilet oder Out house).

... bieten auch Waschmaschinen.

Für Wohnmobilreisende wichtig: Nicht jeder Stellplatz bietet einen Strom- oder Wasseranschluss (Frisch- und Abwasser). Die Vollausstattung nennt sich im Camper-Englisch „Full Hook-up“: In diesem Fall kann das Fahrzeug direkt an das Strom- und Wassernetz angeschlossen werden, sofern das Wohnmobil entsprechend ausgerüstet ist. Solche Stellplätze bieten höchsten Komfort – und sind entsprechend teuer. Zuweilen gibt es auch kostengünstigere Stellplätze nur mit Stromversorgung. Bei staatlichen Campgrounds ist solch ein Komfort nur selten zu finden.

Hingegen sind die sogenannten „Dump stations“ auf nahezu allen Plätzen verfügbar: Hier kann das Abwasser von Küche, Dusche und Toilette entsorgt sowie frisches Wasser aufgenommen werden. Der Erfahrung nach ist solch ein Boxenstopp alle zwei bis vier Tage nötig.

Mobiles Internet wird mittlerweile von vielen Reisenden auch auf Campingplätzen erwartet. Und zumindest viele private Betreiber bieten mittlerweile WLAN, in den USA als WiFi bezeichnet. Aber selbst wenn es verfügbar ist, sind nicht immer hohe Geschwindigkeit oder eine Abdeckung der gesamten Anlage möglich. Bei staatlichen Campingplätzen ist WiFi eher die Ausnahme.

Reservieren oder nicht?

Viele Campingplätze können vorab gebucht werden. In manchen Fällen, gerade in National und State Parks, gilt alternativ das Prinzip „First come, first serve“: Hier werden also die Stellplätze in der Reihenfolge vergeben, wie die Interessenten – so hart muss man es wohl ausdrücken – vor Ort eintreffen. Getreu dem Sprichwort „Der frühe Vogel ...“ sollten Reisende diese Anlagen möglichst früh am Tag ansteuern, um sich eine der raren Sites zu sichern. Somit haben auch Urlauber eine Chance, die flexibel ohne Reservierungen reisen möchten oder vorab keinen Stellplatz mehr buchen konnten.

Wichtig: Gerade in der Hochsaison zwischen Memorial Day (letzter Montag im Mai) und Labor Day (erster Montag im September) werden Campingplätze stark nachgefragt. Dies gilt umso mehr für Highlights wie Nationalparks (vor allem Yosemite und Yellowstone), den Pfeiffer Big Sur State Park Campground am California Highway 1 sowie an Wochenenden. Hier empfiehlt es sich dringend, die

Feuerstelle und Picknickplatz sind oft vorhanden.

sogenannte Site möglichst frühzeitig zu buchen. Zum Teil bestehen für diese beliebten Spots Buchungsfenster, die einige Monate im Voraus öffnen: So können Stellplätze bei ReserveCalifornia *(reservecalifornia.com)* für State Parks in Kalifornien erst sechs Monate im Voraus gebucht werden, und zwar auf den Tag genau – also beispielsweise ab 1. Februar ab 17 Uhr für den 1. August. Eine ähnliche Regelung besteht für den reservierungsfähigen Teil der Stellplätze im Yosemite National Park in Kalifornien: Hier sind Reservierungen jeweils in Kontingenten von einem Monat, bis zu fünf Monate im Voraus, ab 15. eines jeden Monats um 7 Uhr Pazifische Zeit möglich. Dabei ist zu beachten, dass verfügbare Stellplätze für den Zeitraum Mai bis September sowie einige andere Wochenenden schon am ersten Tag, an dem sie verfügbar werden, komplett ausgebucht sind, meist innerhalb von Sekunden oder Minuten nach der Freigabe (also 7 Uhr morgens Ortszeit bzw. 16 Uhr deutscher Zeit). Hier empfiehlt es sich wahrlich, möglichst zum frühestmöglichen Termin zu buchen!

Naturnah: Campingplätze in National und State Parks

Wenn morgens der erste Blick auf einen palmengesäumten Strand am Pazifik fällt oder abends die Steinbögen des Arches National Park vom Lagerfeuer aus bewundert werden können, dann übernachtet der Wohnmobilreisende höchst wahrscheinlich auf einem der vielen hundert Campingplätze in einem der 63 Nationalparks oder den ungezählten State Parks. Hier inmitten der Natur geht dem Camper das Herz auf – genau für einen solch unvergesslichen Moment mietet der Urlauber ein RV!

In nahezu jedem Schutzgebiet finden sich Stellplätze. Die Ausstattung variiert dabei erheblich: Toiletten sind meist vorhanden, Duschen oftmals nicht. Auf Stromanschlüsse und permanenten

Airstream im Jordanelle State Park (Utah)

Wasseranschluss – also das sogenannte Full Hook-up – hingegen muss aufgrund der Lage in der Natur oft verzichtet werden. Manche Plätze bieten jedoch sogar Waschmaschinen, so beispielsweise der North Campground im Bryce Canyon National Park sowie der Basin Campground im Kodachrome Basin State Park – hier übrigens mit modernen, ansprechenden Regenwaldduschen! Auf großen Campingplätzen ist zuweilen auch ein kleiner Shop zu finden, wie etwa im Great Sand Dunes National Park in Colorado.

Gerade in den Nationalparks sind Stellplätze meist preiswert: Eine Übernachtung auf dem Blackwoods Campground im Acadia National Park (Maine) schlägt mit 30 US-Dollar zu Buche, auf dem Lower Pines Campground im Yosemite National Park werden 36 US-Dollar fällig. Eine Nacht auf dem Campground The Devils

Campen im Coral Pink Sand Dunes State Park (Utah)

Garden im Arches National Park – einem der schönsten Campingplätze in den ganzen USA – kostet 25 US-Dollar.

Auch die State Parks sind meist günstiger als kommerzielle Anbieter: Im Jordanelle State Park bei Salt Lake City (Utah) werden 45 US-Dollar berechnet, im Pfeiffer Big Sur State Park (Kalifornien) ab 35 US-Dollar und im Bahia Honda State Park (Florida) 43,70 US-Dollar. Doch nicht immer müssen staatliche Anlagen preiswert sein: Eine Nacht auf dem Dockweiler RV Park in Los Angeles kostet ab 65 US-Dollar aufwärts.

Typischer Stellplatz in der Natur

Auf vielen Campingplätzen richten sich die Preise nicht nur nach der Größe (Länge und Breite, Slide-Out-Elemente beachten!). Sondern auch nach der Art des jeweiligen Stellplatzes: Wer ohne Strom und Wasser auskommt, zahlt weniger. Bei Vollausstattung (Full Hook-up) wird es teurer. Auch wer einen Stellplatz zum Durchfahren (Pull throu) wählt, sollte mit höheren Kosten rechnen als bei kleineren Sites, wo man rückwärts hinein- oder herausfahren muss. Falls nach dem Stromanschluss gefragt wird: Bei gemieteten Wohnmobilen reicht meist 30 Ampere (amp) – nur bei den großen A Class-Modellen werden zuweilen 50 Ampere benötigt.

Sehr komfortabel: kommerzielle Campingplätze
Urlauber können zudem unter ungezählten privat betriebenen Campingplätzen wählen. Diese bieten meist viel mehr Komfort als die Plätze in den Nationalparks, können teils aber auch sehr spartanisch ausfallen, wie etwa der Desert Sky Motel & RV Park in Yucca Valley unweit des Joshua Tree National Park.

Neben vielen lokalen Betreibern ist der wohl bekannteste Anbieter die Kette KOA mit mehr als 500 Anlagen in den USA und Kanada.

Geiger Key Marina RV Park auf den Florida Keys

Diese Campingplätze bieten hohen Komfort und Service. Pool und Spielplatz sind oftmals vorhanden, WLAN (in den USA Wifi genannt) ebenso. Eine Nacht auf dem Kingman KOA Journey (Arizona) kostet ab etwa 45 US-Dollar, auf dem St. Petersburg/Madeira Beach KOA Holiday (Florida, mit Pool und Minigolf) ab 65 US-Dollar und auf dem Mount Rushmore KOA Resort at Palmer Gulch (South Dakota) ab 84 US-Dollar. Aber auch Einzelbetriebe punkten teils mit vielen Freizeitangeboten: Das Rancho Oso RV & Camping Resort bei Santa Barbara (Kalifornien) liegt wunderschön in den Bergen (ab 85 USD, sogar mit geführten Reittouren), die Geiger Key Marina, RV Park & Fish Camp direkt am Wasser (ab 140 USD, bei Key West).

Ruby's Inn RV Park & Campground am Bryce Canyon National Park

Freies Stehen

Wild Campen („Boondocking“ oder „Dispersed camping“) ist prinzipiell möglich – aber nicht überall. Die örtlichen Regeln, die von Ort zu Ort unterschiedlich ausfallen können, sind unbedingt zu beachten! Ansonsten können hohe Strafen von bis zu mehreren hundert US-Dollar anfallen – nicht immer gibt es nur einen freundlichen Hinweis des Rangers oder Polizisten, dass freies Stehen an dem jeweiligen Ort nicht gestattet ist.

Am einfachsten möglich ist freies Stehen in den National Forests (beispielsweise am Grand Canyon) sowie auf Flächen, die vom Bureau of Land Management (BLM) verwaltet werden (siehe auch Kapitel 9, Campingplatz finden). Auf manchen öffentlichen Parkplätzen und kommerziellen Truck stops ist es auch gestattet. Ebenso erlauben manche Supermärkte das Stehen für eine Nacht – anders als früher scheint dies aber nicht auf allen Walmart-Parkplätzen erlaubt zu sein. Tipp: Wer „wild campt", sollte besser nur sein Fahrzeug parken – sich aber nicht mit Campingtisch und -stuhl sowie Grill etc. „ausbreiten".

Im Regelfall nicht erlaubt ist „Boondocking" in National und State Parks und auf Parkplätzen entlang von Interstates und Highways. Es sei denn, es ist ausdrücklich erlaubt.

1.5 Budgetplanung

Wer mit dem Wohnmobil unterwegs ist, kann tendenziell die Kosten für den Urlaub besser steuern als derjenige, der auf Mietwagen und feste Unterkünfte setzt. Gerade die Möglichkeit zur Selbstversorgung entlastet die Reisekasse – im Vergleich zu teuren Restaurantbesuchen. Doch gleichwohl ist auch ein RV-Trip nicht preiswert.

Größter Posten: das Wohnmobil

Die Wahl des rollenden Urlaubsdomizils ist entscheidend für das Reisebudget. Natürlich muss das Fahrzeug ausreichend Sitz- und Schlafplätze für alle Mitfahrer bieten. Neben dieser Basisfrage bestimmen weitere Faktoren den

Klein, aber günstig: Vans mit Schlafplatz

Mietpreis: Soll das Wohnmobil nicht doch lieber eine Nummer größer sein? Kann nicht doch auf Dusche und Toilette verzichtet werden? Welche Zusatzausstattung wie Navigationsgerät (eher teuer) oder Kaffeemaschine (überschaubar) ist nötig?

Wer das Budget schonen möchte, sollte möglichst die Frühbucherpreise der Veranstalter nutzen: Sie gelten bei frühzeitiger Buchung, entweder viele Monate im Voraus oder noch im vorangehenden Kalenderjahr (beispielsweise bis 31. Dezember oder sogar schon 31. August). Dadurch kann der eigentliche Mietpreis sinken. Oder wichtige Extras wie unbegrenzte Meilen sind dann im Sparangebot inklusive. Auch ein Ausweichen in die Nebensaison kann Geld sparen – dafür muss mit schlechterem Wetter und/oder teils gesperrten Attraktionen und Nationalparks gerechnet werden.

Weiterer Vorteil einer frühzeitigen Buchung: Da das Angebot an Wohnmobilen begrenzt ist, steigert sie die Chance, das gewünschte Modell auch wirklich zu bekommen – gerade bei Touren in der Hauptreisezeit ein wichtiger Faktor.

Große Wohnmobile bieten bis zu sechs Personen Platz.

Die avisierte Streckenlänge der Reise beeinflusst ebenfalls die Kosten erheblich: Im Regelfall sind pro Miettag keine oder nur wenige Meilen enthalten. Bei meist längerer Gesamtdistanz kostet jede zusätzliche Meile extra. Daher lohnt es sich meist, im Voraus sogenannte Meilenpakete zu erwerben, die im Vergleich zur Einzelabrechnung deutlich preiswerter sind. Ein Meilenpaket umfasst meist pauschal 500 Meilen. Hier macht sich eine grobe Streckenplanung bezahlt, um die möglichst passende Anzahl an Paketen vorab zu buchen und nur möglichst wenige Meilen individuell zu bezahlen. In manchen Fällen kann es dann sogar preiswerter sein, die Option „Unbegrenzte Meilen" zu erwerben.

Gern werden bei der Planung grundsätzlich anfassende Zusatzkosten übersehen. Dazu zählen beispielsweise das einmalige Bereitstellungspaket, das Kitchen Kit (Küchenausstattung, pro Fahrzeug) und das Personal Kit (Bettwäsche, für jede mitreisende Person zu buchen).

Auch der Umfang der Versicherungsleistung beeinflusst das Budget. Faustformel: Je besser der Versicherungsschutz, desto niedriger das finanzielle Risiko für den Mieter und desto höher die Kosten für die gewünschte Absicherung.

Gut zu wissen: Viele Anbieter offerieren sogenannte All-Inclusive-Pakete. Hierin sind wichtige Zusatzleistungen – beispielsweise vollständiger Versicherungsschutz, unbegrenzte Meilen, Tische und Stühle – zu einem attraktiven Sonderpreis erhältlich.

Nicht unterschätzen: Spritkosten und Campingplätze

Da mittlerweile auch in den USA das Tanken deutlich teurer geworden ist, sollten hierfür entsprechende Ausgaben eingeplant werden. Denn angesichts ihrer Größe und Bauweise sowie der stark motorisierten V8- und V10-Motoren verbrauchen Wohnmobile entsprechend viel. Im Durchschnitt müssen Urlauber je 100 gefahrene Kilometer mit 20 bis 30 Litern (also fünf bis acht Gallonen) rechnen. Wer die Fahrstrecke reduziert und nur wenige Orte – dafür mit längeren Aufenthalten – ansteuert, kann die Spritkosten reduzieren. Tipp: Websites wie *GasBuddy.com* bieten stets

Tankstelle im Grand Teton National Park

einen guten Überblick zu den Preisen an den Tankstellen, wobei abgelegene Versorgungsstationen (etwa in Nationalparks) meist teurer sind.

Gerade bei längerer Reisedauer können die Kosten für Campingplätze die Reisekasse belasten. Um möglichst budgetschonend zu übernachten, sollten bevorzugt staatliche Campgrounds angesteuert werden. Die Gebühren hierfür sind meist niedriger als bei privaten Anbietern. Wer aufs legale „Boondocking" ausweicht, steht über Nacht manchmal sogar kostenlos. Ob das tatsächlich möglich ist, hängt sicherlich von Reiseroute und persönlicher Vorliebe ab.

Verpflegung: am besten selbst

Auch wenn Lebensmittel in den USA teils teurer sind als hierzulande: Selbstversorgung ist die beste Möglichkeit, Geld zu sparen. Und was gibt es Besseres, als abends inmitten unfassbarer Schönheit der Natur frisch Gegrilltes zu genießen?

Nicht vergessen: Eintrittsgelder, Ausflüge und Anreise

Neben den Kosten für das Wohnmobil, das Campen und die tägliche Versorgung fallen natürlich weitere Ausgaben an. Dazu zählen vor allem Eintrittsgelder zu Attraktionen sowie in die National und State Parks.

Bei Besuch mehrerer Nationalparks lohnt sich der Kauf des Nationalpark-Passes „America the Beautiful". Dieser ermöglicht es, innerhalb eines Jahres nach dem Kauf alle 63 Nationalparks sowie weitere staatliche Schutzgebiete zu besuchen, beispielsweise das Colorado National Monument, das Cedar Breaks National Monument (Utah), das Walnut Canyon National Monument (Arizona) und das Muir Woods National Monument (Kalifornien). Der Preis von 80 US-Dollar pro Fahrzeug zahlt sich meist schon aus, wenn innerhalb einer Tour drei Nationalparks (oder weitere inkludierte Schutzgebiete) angesteuert werden.

Der US-Nationalpark-Pass spart Geld.

Aber Achtung: In State Parks gilt der Nationalpark-Pass meist nicht. Hier wird eine individuelle Gebühr fällig, beispielsweise von 15 US-Dollar pro Fahrzeug für den Valley of Fire State Park bei Las Vegas (Nevada). Auch der Monument Valley Navajo Tribal Park an der Grenze von Utah und Arizona kostet extra (8 US-Dollar pro Person). Manche Bundesstaaten bieten nach dem Vorbild des Nationalpark-Passes regionale Pässe für die jeweiligen State Parks an – in Utah beispielsweise der Utah State Parks Annual Day-Use Pass für jährlich 175 US-Dollar und der Recreation Passport in Michigan für 39 US-Dollar (jeweils für international Reisende).

Darüber hinaus sollten Urlauber entsprechend Kosten für weitere Besichtigungen und Ausflüge einplanen. Denn das Angebot ist scheinbar unendlich – vom Segeltörn zum Sonnenuntergang in Key West über die Bootsfahrt im Grand Teton National Park bis zur Seilbahnfahrt in den Rocky Mountains. Hier bleiben wohl keine

Wünsche offen – das Limit stellen letztlich nur die Reiselänge und die Reisekasse dar.

Last but not least: Zeitgleich mit dem Wohnmobil sollte auch die Anreise organisiert werden. Gerade bei Flügen lässt sich meist viel sparen, wenn diese lange im Voraus gebucht werden. So ist auch sichergestellt, dass es den möglichst idealen Flug gibt, wenn beide Bausteine fix sind.

1.6 Fallstricke bei der Planung

Gerade bei einer ersten Wohnmobilreise können Planungsfehler den Urlaubsspaß minimieren. Wer hierauf achtet, vermeidet unnötigen Stress!

Übernahme und Rückgabe nicht gut planen
Eine Zeitplanung kann schon am ersten Tag platzen, wenn zu viele Meilen nach der Übernahme geplant sind, das Fahrzeug aber erst nachmittags zur Verfügung steht. Also: Unbedingt schon bei der Buchung checken, um welche Uhrzeit das Wohnmobil abgeholt werden kann. Meist ist eine Übernahme nur nachmittags möglich – vormittags, wenn überhaupt, nur gegen Aufpreis! Die genaue Uhrzeit lässt sich zudem meist erst am Vortag telefonisch vereinbaren. Ähnliches gilt für die Rückgabe: Meist muss das Fahrzeug vormittags bis 11 oder 12 Uhr zurückgegeben werden. Daher empfiehlt sich, für die erste respektive letzte Nacht einen Campground in der Nähe zu suchen – maximal 60 bis 90 Minuten Fahrzeit entfernt.

Nicht im Hellen ankommen
Eine Tour lässt sich natürlich nicht minutiös planen. Staus und spontane Stopps zählen zum Alltag – und gerade letzteres ist natürlich das, was eine Reise auszeichnet, gerade im Wohnmobil.

Trotzdem sollten Urlauber im Vorfeld darauf achten, nicht zu lange Fahrten einzuplanen, sodass man in die Dunkelheit gerät. Nicht nur dass Tiere auf der Straße eine Gefahr sind – nach Sonnenuntergang auf einem engen Campground zum Stellplatz zu navigieren und alles aufzubauen (möglicherweise noch bei Regen oder Kälte das Stromkabel anzuschließen), macht einfach keinen Spaß! Solche Situationen lassen sich natürlich nicht völlig ausschließen. Doch mit vorausschauender Planung lässt sich diesen Momenten vorbeugen. Daher bei Fahrtzeiten besser großzügig kalkulieren und auch Sonnenauf- und untergang zum Reisezeitpunkt checken (beispielsweise mit *timeanddate.de*). Je nach Region und Jahreszeit kann es unerwartet spät hell bzw. früh dunkel sein. Und gerade Reisende im Südwesten sollten zudem die Zeitzonen beachten: Utah und Arizona beispielsweise trennt eine Stunde. Dies gilt natürlich auch für andere Regionen.

Zu viel Vertrauen in GoogleMaps

Für die Reiseplanung wird gern GoogleMaps genutzt. Doch aufgepasst: Die angegebenen Fahrtzeiten sind idealtypisch. Staus, Fotostopps und spontane Einkäufe können die Fahrtzeit schnell verlängern. Also mindestens ein Drittel der Zeit – besser sogar 50 Prozent – als Puffer oben drauf rechnen!

Sightseeing in Großstädte wirklich nötig?

Gerade komfortable Wohnmobile sind sperrig, brauchen viel Platz und lassen sich schlecht manövrieren. Daher sollten Stopps und Übernachtungen in Großstädten gut geplant sein. Einen Parkplatz in Downtown San Diego oder mitten in Miami zu finden, dürfte nicht einfach sein – von Kosten und Fahrstress ganz zu schweigen. Auch Campingplätze sind in Metropolen selten und meist abseits gelegen, von Ausnahmen wie Las Vegas, Orlando und Anaheim abgesehen.

Mit dem RV durch die Innenstadt von San Diego

Daher sollten Metropolen besser entweder zu Beginn oder Ende einer Reise besucht werden, wenn man noch oder schon wieder ohne Wohnmobil unterwegs

Mit der Fähre kommen Urlauber schnell vom Campingplatz in New Jersey nach Manhattan.

ist. Oder Urlaubern sollte bewusst sein, dass sie wie beispielsweise im Fall von San Francisco auf einem Campingplatz weit außerhalb übernachten und dann mit öffentlichen Verkehrsmitteln, Taxi oder Mitfahrtdienst in die Innenstadt fahren müssen. Eine überraschende positive Ausnahme: New York City! Manhattan ist zwar für Wohnmobile ohnehin tabu. Doch im benachbarten New Jersey, am anderen Ufer des Hudson River, findet sich ein ansprechender Campground. Und von Jersey City sind Städtereisende mit Wassertaxi oder Bahn schnell in Manhattan (*libertyharborrv.com*).

In stark touristisch geprägten Städten, unter anderem Santa Monica oder Solvang (beide in Kalifornien), sind Wohnmobilstellplätze hingegen vorhanden und teils auch gut ausgeschildert.

Als Gruppe nur ein Wohnmobil mieten

Wenn Gruppen gemeinsam reisen, sollten diese besser zwei kleine Wohnmobile statt eines großen mieten. Dies ist zwar teurer, vermeidet aber unnötige Diskussionen und im Zweifelsfall sogar einen Gruppenkoller, wenn sich beispielsweise zwei zusammen reisende Paare nicht über Details der Reiseplanung oder der täglichen Aufgabenverteilung verständigen können. Ähnliches droht, wenn Paare mit Eltern bzw. Schwiegereltern gemeinsam reisen möchten. Mit zwei Walkie-Talkies bleibt zumindest auf dem Campground der Austausch gewahrt, ebenso während der Fahrten.

Weniger ist mehr!

Was ohnehin beim Reisen gilt, trifft auf eine Tour mit dem Wohnmobil umso mehr zu: Bloß nicht zu viele Aktivitäten und Orte planen!

1.7 Exkurs: Wohnmobil-Überführung als Spar-Tipp

Alljährlich im Frühjahr finden sich ganz besonders günstige Angebote für einen Wohnmobilurlaub: Meist zwischen Februar und Mai müssen die fabrikneuen RVs von den Herstellern zu den jeweiligen Mietstationen überführt werden. Dabei sind teils echte Schnäppchen möglich!

Allerdings kann im Vorfeld kein Modell gesondert gewählt werden. Es gilt das sogenannte Prinzip des „Run of Fleet". Lediglich die Zahl der Sitz- und Schlafplätze ist garantiert. Zudem werden die Fahrzeuge angesichts der frischen Temperaturen meist „winterfest" gemacht, damit Tank und Rohrleitungen nicht einfrieren können. Und die Route? Fahrstrecke und -dauer sind meist vorgegeben, damit die neuen Fahrzeuge rechtzeitig an der richtigen Mietstation zur Verfügung stehen. Der Startort liegt im Regelfall im Nordosten der USA – zwischen Detroit und Chicago sind die Werke angesiedelt. Von dort aus geht es beispielsweise nach Florida, in den Südwesten oder über die Route 66 bis nach Santa Monica am Pazifik. Diese Angebote sind rar und aufgrund der erheblichen Preisvorteile sehr begehrt. Am besten schon im Frühjahr oder Sommer des Vorjahres anfragen und vormerken lassen!

Beliebt: Tour entlang der Route 66

2. Das passende Fahrzeug finden

Familienurlaub par excellence

2. Das passende Fahrzeug finden

So vielfältig die USA sind, so umfangreich ist auch das Angebot an Wohnmobilen. Zwischen „kompakt und wendig" bis „komfortabel wie ein weitläufiges Hotelzimmer" können Urlauber bei den großen Verleihern wählen. So dürfte wohl jeder Reisende das passende Fahrzeug finden!

RVs mit Alkoven sind besonders stark verbreitet.

2.1 Ausstattung

Ausreichend Schlafplatz und eine kleine Küche mit Kühlschrank und Kochgelegenheit – und perfekt wird das Outdoor-Erlebnis im rollenden Ferienheim. Diese Basisausstattung ist in jedem Wohnmobil zu finden, das entsprechende Zubehör von Kochtopf bis Besteck ebenfalls (bei Buchung der sogenannten Personal und Kitchen Kits). Die Zahl der Schlafplätze, ggf. auch im Alkoven über der Fahrerkabine, entspricht im Regelfall der Sitzplätze. Als Sicherheitsausstattung sind überdies zumeist Feuerlöscher sowie Gas-, Rauch- und Kohlenmonoxiddetektor vorhanden.

Das weitere Equipment variiert entsprechend der Fahrzeugklasse: Toilette und Dusche sind erst bei größeren Modellen mit an Bord. Gleiches gilt für wichtige Extras wie eine Klimaanlage im Wohnbe-

Viel Platz an Bord ...

... und im Kühlschrank

reich, einem zusätzlichen Gefrierfach oder eine Mikrowelle – womit der Reisekomfort doch deutlich steigt. Ganz große Fahrzeuge punkten zudem mit einem Fernseher, manchmal auch mit einem Backofen. Zuweilen lässt sich die Grundfläche des Wohnraums durch auf Knopfdruck elektrisch ausfahrbare Elemente (sogenannte „Slide-Out") vergrößern, wenn das Fahrzeug geparkt ist.

Und wie werden die Geräte versorgt? Grundsätzlich können Urlauber mit ihrem Wohnmobil völlig autark reisen! Der Kühlschrank wird entweder mit Gas oder einer zweiten Batterie, die unabhängig von der Batterie für den Fahrzeugantrieb arbeitet, gekühlt. Sorgen um warme Getränke oder verdorbene

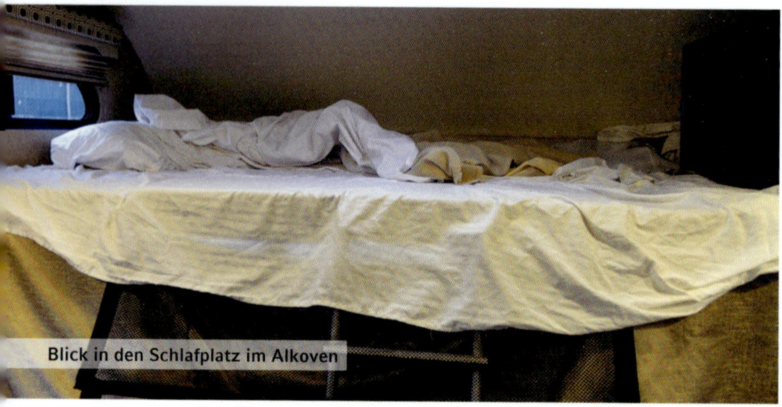

Blick in den Schlafplatz im Alkoven

Lebensmittel muss sich also niemand machen – zumal die Batterie für den Wohnraum beim Fahren automatisch wieder geladen wird. Zuweilen gibt es auch Solarpanels auf dem Dach. Herd und Heizung (sofern vorhanden) nutzen ebenfalls Gas, während die Innenbeleuchtung wiederum an besagte zweite Batterie angeschlossen ist.

Kleines Badezimmer mit Dusche und Toilette

Wer hingegen auch die Klimaanlage und die Mikrowelle sowie die 110-Volt-Steckdosen nutzen möchte, muss das Wohnmobil an das stationäre Stromnetz des Campingplatzes anschließen, zuweilen auch Landstrom genannt. Bei kommerziellen Anbietern sind solche Anschlüsse meist vorhanden (teils gegen Aufpreis), Stellplätze in National und State Parks bieten diesen Komfort meist nicht. Für solche Fälle sind gerade größere Fahrzeuge zusätzlich mit einem Generator ausgerüstet, entweder fest oder zur Miete. Ein Aufpreis für die Nutzung fällt im Regelfall an, meist wird nach Stunden oder Tagen abgerechnet. Doch aufgepasst: Nicht auf allen Campingplätzen dürfen die meist recht lauten Generatoren auch verwendet werden – in der Mittagszeit sowie nachts ist es ohnehin oftmals verboten („Quiet hour"). Neuere Fahrzeuge verfügen zumeist über USB-Steckdosen, die über die Batterien gespeist werden. Damit wäre zumindest das Laden von Mobiltelefonen sichergestellt.

Die Wasserversorgung wird (von der Kategorie Campervan abgesehen) durch drei Wassertanks geregelt: für Frischwasser, für Grauwasser (Küchenspüle, Wachbecken und Dusche) sowie Schwarzwasser (Toilette). Diese müssen regelmäßig alle zwei bis vier Tage, je nach persönlichem Verbrauch, gefüllt bzw. geleert werden (siehe Kapitel 8 On the Road).

Outdoor-Equipment

Für das perfekte Naturerlebnis sind Campingstühle nicht zwingend erforderlich: Auf vielen Stellplätzen sind feste Picknicktische und -bänke vorhanden. Wer auf Nummer sicher gehen will oder auch mal zwischendurch „on the road", beispielsweise am Strand, picknicken will, mietet portable Stühle und einen Tisch (nicht immer angeboten). Zuweilen gibt es das Equipment auch kostengünstig im Super- oder Baumarkt – und lässt sich anschließend verschenken. Manche Modelle verfügen über eine Markise als Sonnenschutz, entweder mit Elektromotor oder zum Selbstaufbau.

Sitzgelegenheiten sind auf vielen Campingplätzen vorhanden.

Während der Fahrt

Die Fahrerkabine verfügt im Regelfall über eine Klimaanlage sowie ein Radio mit USB- und AUX-Anschluss, manchmal auch noch einen CD-Player. Und wie in den USA üblich, sind auch Automatik und Tempomat Standard. Die größeren Fahrzeuge sind zudem manchmal mit einer Rückfahrkamera ausgestattet, was das Rangieren deutlich vereinfacht.

Bequemer Platz hinterm Lenkrad

Navigationsgeräte können meist gemietet werden, falls sich Reisende sich nicht auf Navigations-Apps verlassen möchten. Tipp: Angesichts der hohen Mietpreise rentiert sich der Kauf eines eigenen US-Navigationsgeräts meist schon dann, wenn mehr als eine Reise durch die Vereinigten Staaten geplant ist.

2.2 Vermieter und Anmietstationen

Zu den wichtigsten Wohnmobilverleihern in den USA zählen:

- Alaska Motorhome Rentals
- Britz USA
- Cruise America
- El Monte
- Escape Campervans
- Go North
- Mighty Campers
- Road Bear RV
- Travellers Autobarn USA

Damit besteht eine große Auswahl an unterschiedlichen Fahrzeugmodellen, passend für die persönlichen Wünsche.

Mietstationen finden sich über das gesamte Land verteilt – beispielsweise von Boston und Miami über Nashville, Houston und Las Vegas bis San Diego und Seattle.

Übersicht beliebter Anmietstationen

2.3 Welches Wohnmobil passt zu wem?

Nicht jedes Modell ist für jeden Reisenden gleichermaßen gut geeignet. Natürlich muss das Fahrzeug mindestens so viele Sitz- und Schlafplätze haben wie die Zahl der Reisenden. Ansonsten gilt ganz allgemein: „Darf's eine Nummer größer sein?" Sofern die Reisekasse mitspielt, zahlt es sich aller Erfahrung nach aus, ein Wohnmobil zu mieten, das mehr Platz bietet, als eigentlich benötigt wird – gerade bei längeren Reisen und mit Kindern.

Wichtig: Je nach Vermieter, Modell und Baujahr variieren die Fahrzeuge leicht. Die Ausstattung ist per se gleich. Aber zuweilen ist auch ein Backofen an Bord oder das große Bett im Heck steht frei oder ist gemütlich in eine Ecke gebaut. Auch die Größe der Schränke, Grundrisse und Maße müssen auch bei Fahrzeugen einer Modellreihe nicht unbedingt immer identisch ausfallen.

Klein und wendig: Campervans

Kategorie Campervan

Kompakt und preiswert sind Fahrzeuge der sogenannten Campervan-Klasse: Sie eignen sich vor allem für Pärchen bzw. zwei Zusammenreisende. Hierbei handelt es um umgebaute Vans mit einem großen Bett und einer kleinen Küche, die meist von außen über die Heckklappe zugänglich ist. Zuweilen gibt es jedoch keinen festen Platz zum Kochen, sondern eine portable Lösung. Dank der kompakten Größe des Fahrzeugs ist der Benzinverbrauch vergleichsweise niedrig. Mit ihrer Länge von rund 5,60 Metern (18 Fuß) lassen sich die Campervans auch in den großen Metropolen besser manövrieren, und es ist einfacher einen Parkplatz zu finden. Allerdings fehlen Toilette und Dusche sowie eine Klimaanlage im Wohnbereich, sodass der Schlafkomfort bei Übernachtungen gerade in warmen Regionen wie Arizona oder Florida leiden kann, wenn es auch nachts nicht abkühlt. Zudem kann man aufgrund der niedrigen Deckenhöhe im Inneren nicht stehen. Herkömmliche Steckdosen (110 Volt) sind meist nicht vorhanden, unter Umständen zumindest USB-Steckdosen für Smartphones und ähnliches. Zudem müssen Campervans meist morgens und abends umgebaut werden – vom Essplatz zum Bett und zurück. Der Tisch wird demontiert oder abgesenkt. Einbauelemente schaffen eine ebene Schlaffläche.

Kategorie Conversion Van B

Diese Fahrzeuge vereinen den hohen Komfort der „echten Wohnmobile" mit der kompakten Bauweise eines Vans. Hier sind Küche (meist samt Mikrowelle) sowie eine bequeme Essecke an Bord. Toilette und Dusche sind hier vorhanden, allerdings oftmals ohne Abtrennung. Sprich: Beim Duschen wird alles nass, auch die Toilette. Dennoch schätzen viele Reisende diese Möglichkeit, zumin-

Viel Komfort trotz kompakter Bauweise: Conversion Van B

dest für Notfälle nicht öffentliche Duschen benutzen zu müssen. Dieses Gefährt eignet sich vor allem für komfortbewusste Paare, bietet je nach Ausführung aber gegebenenfalls auch Platz für vier Personen.

Kleines Wohnmobil (C19-20)

Ideal für Einsteiger sind die recht kompakten Fahrzeuge der Klasse C19-C20. Sie bieten zwei Schlafplätze im Alkoven (über der Fahrerkabine). Zudem kann in der Essecke, oftmals als Dinette bezeichnet, ein Kleinkind schlafen. Von Klimaanlage und Heizung im Wohnraum bis hin zu Mikrowelle und Dunstabzugshaube ist alles an Bord, was ein Camper benötigt. Der Stauraum ist innen jedoch begrenzt. Dank der überschaubaren Größe reichen auf Campingplätzen kleinere Stellflächen aus, auch die Suche nach einem Parkplatz ist vergleichsweise einfach. Von außen sind mehrere Stauräume zugänglich: Hier lassen sich beispielsweise leere Reisetaschen sowie Campingstühle und -tisch unterbringen, ebenso Getränkevorräte und weiteres Equipment.

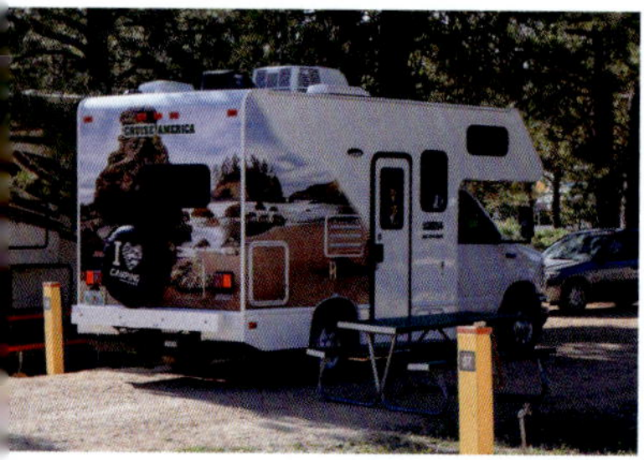

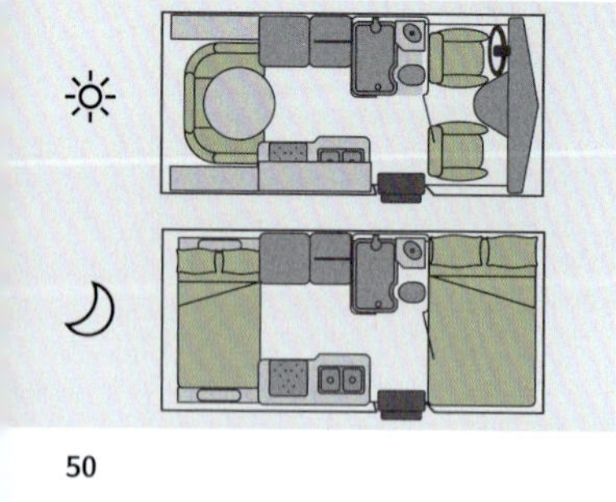

Mittelgroßes Wohnmobil (C21-27)

Diese mittelgroßen RVs sind das beliebteste Fahrzeug: Paare freuen sich über das Doppelbett im Heck und viel Stauraum, Familien über die zusätzlichen Schlafplätze im Alkoven und in der Dinette. Abgesehen vom Bett hinten sind Wohnmobile dieser Kategorie der kleinen Variante sehr ähnlich – manche Modelle bieten sogar einen Backofen! Ab dieser Fahrzeugkategorie ist die Dusche meist extra abgetrennt, sodass bei der Benutzung nicht das gesamte Badezimmer unter Wasser gesetzt wird.

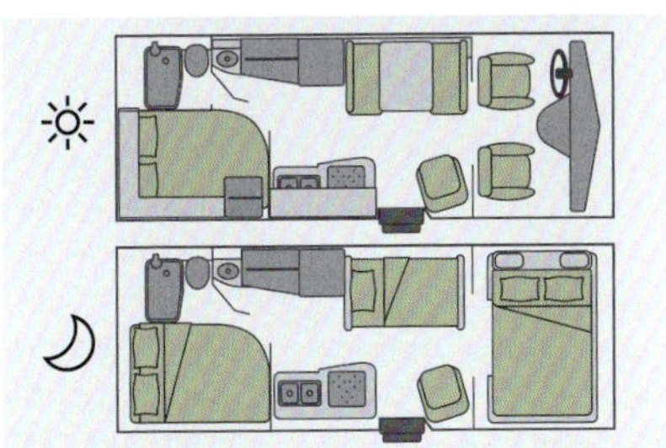

Großes Wohnmobil (C28-31)

Perfekt für die Familie oder eine Gruppe von Freunden: Bei einer Länge von bis zu zehn Metern ist viel Platz. Bis zu sechs bequeme Schlafplätze bieten die sogenannten großen Wohnmobile der Klasse C28-C31 – darunter im Regelfall ein abgetrenntes Schlafzimmer im hinteren Teil des Fahrzeugs. Damit beim Campen (nicht während der Fahrt!) viel Freiraum herrscht, lässt sich oftmals der Mittelteil mit der Sitzecke ausfahren (Slide-Out), gleiches gilt für das Heckteil.

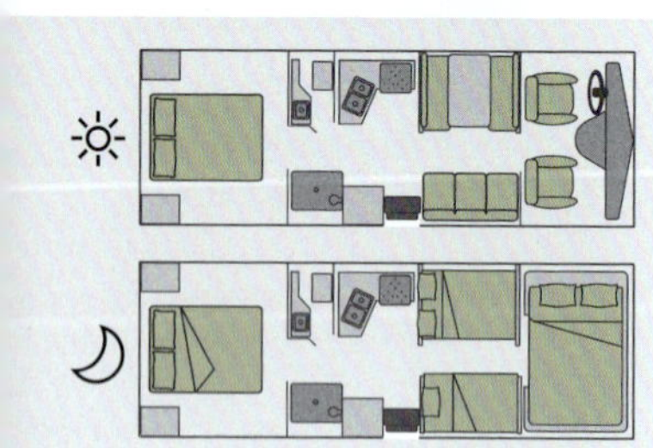

Class A Motorhome

Mehr Komfort für einen Roadtrip geht nicht! Allein die große Panoramascheibe wäre der ultimative Grund für eine Buchung. Diese Modelle erinnern von Bauweise und Design an einen Reisebus – und sind entsprechend bequem, sowohl beim Fahren als auch beim Campen. Slide-Outs sind hier Standard. Viele Fahrzeuge offerieren gleich zwei Doppelbetten. Meist können sogar sechs Personen an Bord schlafen, also bis zu vier Erwachsene und zwei Kinder. Aufgrund der Größe oft überraschend gut zu manövrieren,

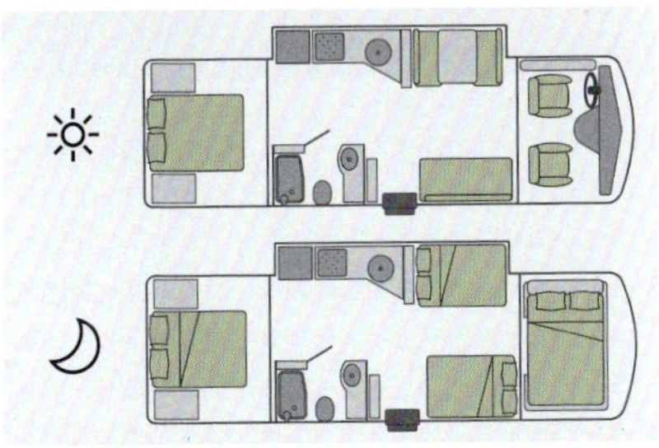

sind sie jedoch auf manch engen Campingplätzen und ausgewählten Straßen, beispielsweise im kalifornischen Sequoia National Park, nicht zugelassen. Aber der Komfortgewinn gleicht solche Mankos schnell wieder aus. Und, nicht zu vergessen: Wer möchte nicht mit solch einem Hingucker die weite Schönheit der USA erkunden?

2.4 Reisen mit Kindern

Das Lagerfeuer prasselt, der Nachwuchs hält die Marshmallows ins Feuer, langsam versinkt die Sonne über den bizarren Steinbögen im Arches National Park oder über dem Meer. Was könnte es Schöneres als einen Roadtrip mit der Familie geben? Kein Wunder, dass sich Brigitte M., Arzthelferin in Frankfurt/Main, gern erinnert: „Von der Wohnmobilreise zu den Nationalparks schwärmen meine Jungs noch heute!"

Camping ist gerade bei vielen Familien beliebt.

Gerade mit Kindern punktet eine Rundreise mit der rollenden Ferienwohnung mit vielen Vorteilen. Mehr Flexibilität geht nicht: Gekühlte Getränke und Snacks sind immer vorhanden, ebenso eine Toilette. Ständiges Aus- und Einpacken der Koffer entfällt. Vor allem Familien können sich bei einer Wohnmobiltour besser individuell und preiswert versorgen als bei einer Rundreise mit Mietwagen sowie Motels und Hotels. Und gerade bei Familien mit zwei oder drei Kindern bzw. Jugendlichen kann es sich auch finanziell auszahlen, wenn bei einer Reise mit Hotelübernachtungen sonst ein zweites Hotelzimmer nötig wäre, womit die Kosten deutlich nach oben gingen. Soviel Freiraum ein Familienurlaub auch bietet, umso mehr sollte vorab geplant werden!

Beste Reisezeit für Familien

Vor allem Familien mit Nachwuchs, der noch nicht schulpflichtig ist, empfiehlt sich eine Tour außerhalb der Hauptreisezeit bzw. des Hochsommers. Voraussetzung: Die gewünschte Route bietet diesen Freiraum und ist grundsätzlich klimatisch eignet. Denn einerseits können die Mietkosten erheblich sinken. Andererseits kann man so beispielsweise der Hitze und Schwüle in manchen Regionen (beispielsweise Arizona, Texas und Florida) entgehen. Zwar verfügen die meisten Fahrzeuge auch in der Wohnkabine über eine Klimaanlage. Doch funktioniert diese meist nicht während der Fahrt (und Kinder sitzen im Regelfall dort) und auf dem Campground auch nur bei Stromanschluss oder laufendem Generator. Umgekehrt sollten mit Babys und Kleinkindern sicherlich Jahreszeiten mit allzu kühlen Temperaturen eher gemieden werden, sodass man bei Touren gen Yellowstone National Park oder durch Alaska vermutlich der teuren Hauptsaison nur teilweise entkommen kann.

Fahrzeugwahl für die Familie

Gerade bei Reisen bei Kindern lohnt sich vom Komfort her ein größeres Wohnmobil. So bleibt auch an Schlechtwettertagen einigermaßen viel Platz zum Spielen. Zahlreiche Familien präferieren daher die Fahrzeuge der Klasse C21-C27 als Kompromiss zwischen Größe und Budget.

In vielen Fällen eine besondere Frage: Wer schläft wo? Vielfach übernachten Kinder, insbesondere ältere respektive größere, im Alkoven über der Fahrerkabine – ein Schutz vor dem Herausfallen ist jedoch meist nicht vorhanden. Bei kleineren Kindern hingegen teilt sich oftmals ein Elternteil das Doppelbett oder den Alkoven mit dem Kind. In manchen Fahrzeugen ist auch ein Sofa an Bord, das nachts zum Bett umgebaut werden kann – bei kleinen Kindern vielleicht der beste Schlafplatz. Auch die Dinette könnte zum Schlafplatz umgerüstet werden. Doch diesen Aufwand scheuen viele Reisende zu Recht.

Topthema Kindersitz

Wichtigster Punkt bei der Planung eines Familienurlaubs mit Wohnmobil: die Zahl der Sitzplätze und die Art der nötigen Kindersitze oder Sitzerhöhungen. Denn qua Gesetz müssen gerade Babys und jüngere Kinder (bis 18 Kilogramm/40 pounds) bzw. unter acht Jahren entsprechend gesichert werden. Allerdings stellen Verleihfirmen im Regelfall nicht das passende Equipment zur Verfügung.

Kindersitze aus Deutschland sind im Regelfall nicht in den USA zugelassen! Und selbst wenn das möglicherweise doch der Fall ist, könnte sich die Befestigung als Herausforderung oder gar unmöglich erweisen, denn viele amerikanische Wohnmobile sind gar nicht oder nur teilweise darauf ausgelegt, dass ein Kindersitz verwendet werden kann. Meist sind nur Beckengurte vorhanden, während viele Kindersitze einen Dreipunktgurt benötigen. Am besten kaufen Eltern sich dann einen passenden Kindersitz in einem Supermarkt wie Walmart.

Im Supermarkt findet sich schnell ein passender Kindersitz.

Die Zahl der entsprechend vorbereiteten Sitzplätze variiert je nach Anbieter und Modell. Familien mit entsprechendem Bedarf sollten diese wichtige Frage also unbedingt vor (!) der Buchung klären. Die Websites der Verleihfirmen und auch das Reisebüro bieten entsprechende Informationen. Übrigens: Offiziell wird auch im Taxi oder bei Mitfahrdiensten wie Uber oder Lyft ein Kindersitz benötigt.

Routenplanung mit Kindern

Gerade bei einem Familienurlaub in der mobilen Ferienwohnung gilt: weniger (Strecke) ist mehr (Komfort). Denn vor allem bei kleineren Kindern dürfte – wie bei jeder Autofahrt – schnell die beliebte Frage „Wann sind wir endlich da?" kommen!

Als Faustformel gilt: Eine durchschnittliche Strecke von etwa 120 Meilen pro Tag (also etwa 200 Kilometer) empfehlen viele Familien. Wenn sich idealerweise reine Fahr- und Stehtage abwechseln, können an einem Fahrtag entsprechend längere Distanzen zurückgelegt werden. Und über Tage, an denen das Wohnmobil nicht bewegt werden muss, freut sich naturgemäß nicht nur der Nachwuchs!

Unterwegs „on the road" empfehlen sich regelmäßige Pausen! Dies gilt umso mehr bei Reisen mit Kindern. Ein Picknick in der Natur oder eine kurze Besichtigungstour – in kleinen Städten oder Museen – sorgen für die nötige Abwechslung. Oft finden sich auch Spielplätze. Notfalls tut es hierfür auch ein Angebot einer Fastfood-Kette.

Campingplätze mit Kindern

Last but not least: Eignen sich nun komfortable, kommerziell betriebene Campingplätze oder einfache Stellplätze in National und State Parks besser für Familien? Vermutlich ist ein guter Mix die beste Lösung. Privat geführte Anlagen, beispielsweise der weit verbreiteten Kette KOA, glänzen mit viel Komfort: Swimmingpools, Spielplätze und Minigolfanlagen sind vielfach vorhanden und bieten viel Abwechslung. Auch sind die Wasch- und Toilettenräume tendenziell komfortabler als bei Campgrounds in der Natur. Das Gefühl von Freiraum und individuellem Rei-

Typischer Waschraum auf einem Campingplatz

sen stellt sich indes natürlich eher auf Stellplätzen in National und State Parks ein. Und wann besteht schon die Möglichkeit, während des Abendessens ein Squirrel (Eichhörnchen), ein Reh oder gar einen Elch zu beobachten? So bieten auch Campingplätze in State und National Parks ausreichend Entertainment.

Ungeachtet der zahlreichen Beschäftigungsmöglichkeiten sollten Eltern das Lieblingsspielzeug nicht zu Hause vergessen, also Kuscheltiere und ähnliches für die Jüngsten, Ipad und andere Gadgets für ältere Kids und Jugendliche. Gerade bei den Kleinsten könnte es sich auch lohnen, vor Ort noch ein paar Buddelsachen oder einen Stoffbären zu erwerben. Ältere hingegen freuen sich indes über Fahrradtouren oder actiongeladene Ausflüge wie den Besuch einer Zipline oder eines Kletterparks. Je nach Alter und Region laden auch die zahlreichen Vergnügungsparks, Aquarien und Zoos für einen Abstecher ein.

Spielplatz auf dem Game Lodge Campground im Custer State Park (South Dakota)

Minigolfanlagen finden sich auf vielen Campingplätzen, beispielsweise auf dem St. Petersburg / Madeira Beach KOA Holiday Campground in Florida.

3. Wohnmobil übernehmen

Vor der der Übernahme und den ersten Meilen auf dem Highway steigt die Vorfreude!

3. Wohnmobil übernehmen

„Vorfreude ist die schönste Freunde" heißt es gern im Volksmund. Doch in der Realität ist wohl doch noch schöner, nun endlich mit dem gemieteten Wohnmobil durch die USA zu cruisen. Doch angesichts von Jetlag – und vielleicht ein bisschen Lampenfieber vor dem „ersten Mal" – sollten die Anreise und die Abholung gut geplant sein.

3.1 Letzte Vorbereitungen zu Hause

Nun endlich geht es los, die lange Zeit des Wartens ist vorbei. Was muss noch kurz vor Abflug erledigt werden? Was muss ins Handgepäck oder in die Reisetasche?

Online-Check-In/Pre-Check-In beim Verleiher (teilweise Pflicht)
Um Zeit und Aufwand bei der eigentlichen Übernahme zu sparen, ist bei Verleihfirmen vorab ein Online-Check-In (auch Pre-Check-

Vermietstation in Kalifornien

In genannt) zwingend nötig. Hierbei werden die persönlichen Daten – etwa Adresse, Kontaktinformationen und Führerscheinnummer – vorab auf einer Website eingetragen. Dann sind die Vertragsdokumente zum Zeitpunkt der Übergabe schon vorbereitet. Somit empfiehlt es sich, diese Angaben noch vor der Abreise online einzutragen. Hinweis: Wer vorab einen Transfer über die Verleihfirma gebucht hat, muss den Online-Check-In möglicherweise schon sieben Tage vor der Anreise machen, damit der Transfer nicht entfällt.

Checkliste: Wichtige Dokumente

Damit einem unbeschwerten Roadtrip nichts im Wege steht, sollten Wohnmobil-Urlauber folgende Dokumente und Unterlagen dabei haben:

- Reisepass für jeden Mitreisenden
- Führerschein für jeden möglichen Fahrer. Der Internationale Führerschein wurde bislang meist nicht gebraucht – wer auf Nummer sicher gehen will, nimmt einen mit.
- Kreditkarte (Mastercard, Visa, American Express) mit ausreichend hohem Verfügungsrahmen – Vorsicht bei Debit-Karten, die zwar immer beliebter, aber oftmals nicht akzeptiert werden!
- Zweite Kreditkarte als Backup
- Buchungsbestätigung für das Wohnmobil, oftmals auch als Voucher bezeichnet
- Ausdrucke aller Campingplatzbuchungen und Buchungen (beispielsweise für Nationalparks)
- Falls benötigt: Impfnachweis zur Corona-Impfung

Tipp: Wer ganz sicher gehen will, nimmt nicht nur Papierkopien aller Dokumente mit, sondern scannt diese auch ein – und mailt sie sich selbst zu oder speichert sie online in der Cloud (z. B. Dropbox oder ähnliches).

Und natürlich gilt: Rechtzeitig vorab die elektronische Reiseanmeldung ESTA (oder ggf. ein Visum) beantragen sowie die Bedingungen für die Einreise in die USA beachten (beispielsweise Übermittlung der sogenannten APIS-Daten und ggf. Corona-Impfnachweis).

Equipment fürs Camping einpacken

Gerade bei einer Wohnmobiltour lohnt es sich, nicht nur Bekleidung, Hygieneartikel, Reiseapotheke und Fotoausrüstung einzupacken. Mit so manchem Gegenstand aus der Heimat wird das Reisen angenehmer – oder preiswerter, weil man es nicht in den USA extra kaufen muss. Und damit ist nicht nur das Taschenmesser gemeint.

Folgende Ausstattung ist besser von zu Hause mitzubringen:

- Reiseadapter für US-amerikanische Steckdosen
- Mehrfachsteckdose: um mehrere technische Geräte parallel zu laden (mit nur einem Reiseadapter)
- Geschirrtücher: Sind nicht immer an Bord, ggf. ältere mitnehmen und vor Ort entsorgen.
- Handtücher: Gehören zwar zum Personal Kit (wenn gebucht), aber zum Baden oder für den Strand möchte man vielleicht ein weiteres Handtuch haben.
- Badelatschen: für den Gang zum Pool und zur Dusche
- Kaffeezubereiter oder Espressokocher: Um nicht eine Kaffeemaschine extra mieten oder auf lösliches Kaffeepulver ausweichen zu müssen, nehmen manche Reisende einen kleinen Espressokocher für den Gasherd oder einen Kaffeebereiter zum manuellen Aufbrühen mit.
- Drahtbügel und Wäscheklammern: Einige Bügel sind zwar möglicherweise an Bord, manchmal auch Wäscheklammern. Doch wer noch Drahtbügel aus der Reinigung zu Hause hat, sollte einige mitnehmen. So lassen mehr (nasse) Kleidungsstücke aufhängen. Und auch einige Wäscheklammern zur Reserve schaden sicherlich nicht.
- Panzertape: Falls ohnehin zu Hause noch eine Rolle angefangenes Klebeband liegt – mitnehmen. Mit Panzertape, auch als Ducktape bekannt, kann notfalls etwas behelfsmäßig befestigt werden.
- Gutes Messer: Wird oft beim Kochen und Grillen vermisst.
- Corona-Schutz: Schutzmasken sind in den USA tendenziell teuer (und manchmal schwerer zu bekommen). Zugleich ist nicht auszuschließen, dass doch wieder eine Maskenpflicht eingeführt wird – vor allem in Innenräumen staatlicher Einrich-

tungen (beispielsweise Flughäfen oder Besucherzentren von Nationalparks).
- Walkie-Talkies: Bei Roadtrips in Gruppen mit zwei RVs bietet es sich an, jedes Fahrzeug mit einen Walkie-Talkie auszustatten. Diese sind nicht teuer, sichern aber ständige und kostenlose Kommunikation während der Fahrt und auf dem Campingplatz. Preis: ab etwa 35 US-Dollar bei der Elektronikkette BestBuy für ein Geräte-Paar
- Für Familien: Spielzeug für den Nachwuchs
- Last but not least: Reisetaschen sind für Wohnmobilreisende besser geeignet als Koffer!

3.2 Übergabezeit vereinbaren und Transfer organisieren

Viele Wohnmobilverleiher verlangen, dass spätestens am Tag vor der Abholung die exakte Uhrzeit vereinbart wird. Dazu muss der Urlauber „seinen" Vermieter entsprechend anrufen – idealerweise nach der Landung in den USA. Damit soll die Übernahme des Fahrzeuges möglichst effizient und ohne Wartezeit organisiert werden. Dabei ist zu bedenken, dass viele Firmen eine Abholung nur am Nachmittag anbieten. Eine frühere Abholung (Early Pickup genannt) ist, wenn überhaupt, nur gegen Aufpreis und gegen vorherige Buchung möglich.

Und wie kommt man nun zur Mietstation? Da viele Anbieter eher abseits und teils weit außerhalb liegen, bieten manche Firmen einen Transfer an. Jedoch wird dieser Shuttle nur zu wenigen bestimmten, zentral gelegenen Hotels offeriert und ist kostenpflichtig bzw. nur in Kombination mit der Zusatzoption „Early Bird Departure" (Abholung vormittags) erhältlich. Wichtig: Gerade wer einen Shuttle gebucht hat, muss am Vortag (notfalls am Abholtag morgens) die Verleihstation kontaktieren. Alternativ bietet sich ein Transfer per Taxi oder Mitfahrdienst (Uber oder Lyft) an. Öffentlicher Nahverkehr dürfte in den wenigstens Fällen sinnvoll sein. Ein Mietwagen hingegen lohnt wohl nur, wenn der Reisende ihn mehrere Tage benötigt und nicht nur für den Transfer – sprich für den Weg vom Flughafen zum Hotel und am nächsten Tag weiter zur Wohnmobilstation.

3.3 Fahrzeug abholen

Nun endlich naht der große Augenblick, wenn die Urlauber bei der Station des Vermieters eintreffen. Nur noch Formalitäten und Einweisung stehen einem unvergesslichen Roadtrip im Weg.

Mietbedingungen, Versicherungen und Kaution

Erster Schritt bei der Abholung ist in der Regel ein Check aller Dokumente: Buchungsbestätigung (Voucher), Reisepässe, Führerscheine, Kreditkarte. Wer den Online-Check-In genutzt hat, spart Zeit. Zudem müssen weitere Punkte wie der Versicherungsschutz, kostenpflichtige Extras und Zusatzfahrer final geklärt werden.

Mietbedingungen

Zwar ist manches Kleingedruckte schon bei der Buchung bekannt. Doch den detaillierten Mietvertrag erhalten Kunden erst vor Ort. In den Mietbedingungen sind nur Auszüge enthalten. Vor der endgültigen Unterschrift sollten Reisende – idealerweise alle – die Regeln des Verleihers nochmals gründlich prüfen.

Die wichtigsten Bedingungen im Überblick:

- Alle Schäden am Fahrzeug sind vom Mieter zu tragen. Das finanzielle Risiko lässt sich mit den passenden Versicherungen minimieren.
- Das Wohnmobil darf nur auf freigegebenen Straßen und nur von registrierten Fahrern genutzt werden.
- Kosten wie Bußgelder und Mautgebühren müssen vom Mieter bezahlt werden – und zwar eigenständig und pünktlich. Falls die Verleihfirma – als rechtmäßiger Halter – informiert wird und möglicherweise sogar in Vorleistung gehen muss, fällt meist eine hohe Bearbeitungsgebühr an.
- Bei Unfällen oder Diebstahl muss sofort der Vermieter informiert werden.
- Im Wohnmobil herrscht Rauchverbot. Bei Missachtung drohen hohe Kosten für eine Reinigung.
- Die Rückgabe hat pünktlich zu erfolgen. Jede Stunde Verspätung zieht einen saftigen Zuschlag nach sich.

RV auf dem Parkplatz des Anbieters

- Bei der Rückgabe muss das Auto sauber übergeben werden, der Treibstofftank voll, der Abwassertank leer (siehe auch Kapitel 10, Rückgabe).
- Bei einer vorzeitigen Rückgabe werden ungenutzte Miettage nicht erstattet. Gleiches gilt, wenn die gebuchten Meilenpakete nicht vollständig ausgeschöpft werden.
- Streckenbeschränkungen sind einzuhalten (beispielsweise für das Death Valley).

Versicherungen und Kaution

Hier gilt besondere Vorsicht! Im Rahmen der Buchung über einen Reiseveranstalter und/oder ein Reisebüro werden meist alle notwendigen Versicherungen abgeschlossen, sofern nötig oder gewünscht. Manche Mitarbeiter von Verleihfirmen versuchen dennoch, dem Urlauber weitere Versicherungen zu verkaufen, obwohl diese möglicherweise schon vorhanden sind!

Je nach individuellem Vertrag kann eine Kaution (Sicherheitsleistung) für mögliche Schäden am Fahrzeug oder Bußgelder fällig werden. Diese kann durchaus 2000 US-Dollar pro Buchung betragen und wird von der Kreditkarte des Mieters (Hauptfahrer) abgebucht. Nach Rückgabe wird die Kaution in voller Höhe bzw. anteilig zurückgebucht. Reisende sollten daher auf einen ausreichend hohen Verfügungsrahmen achten. Wechselkursschwankungen gehen im Übrigen zu Lasten des Mieters (wenn der US-Dollar im Vergleich zum Euro nachgibt).

Zuweilen wird angeboten, durch eine kostenpflichtige Zusatzversicherung die Kaution zu reduzieren – in manchen Fällen sogar auf 0 US-Dollar. Dies muss jeder individuell entscheiden: Manch einer geht auf Nummer sicher; ein anderer sieht die Chance, die Reisekosten zu senken. Aber Achtung: Bei manchen All-Inclusive- oder sogenannten Komfort-Paketen ist solch ein Rundum-Schutz schon enthalten. Zuweilen wird ein solcher Schutz alternativ vom Reiseveranstalter über einen deutschen Versicherer angeboten – allerdings muss oftmals dann vor Ort der Selbsterhalt gezahlt werden und wird erst später vom Versicherer erstattet.

Zusatzfahrer

Damit neben dem offiziellen Mieter auch Mitreisende das Wohnmobil steuern dürfen, müssen diese jetzt in den Vertrag eingetragen werden. Voraussetzung: Sie verfügen die entsprechende Berechtigung und können ihren Führerschein vorzeigen. Ob für den bzw. die Zusatzfahrer eine Gebühr anfällt, hängt von Vertrag und Vermieter ab.

Fahrzeugtausch

Gerade in der Hauptsaison oder an kleineren Stationen erhält der Mieter zuweilen ein größeres Wohnmobil als ursprünglich gebucht. Zu solch einem Upgrade ist die Verleihfirma berechtigt, falls die vertraglich vereinbarte Fahrzeugkategorie unerwartet nicht zur Verfügung steht. So kann es in seltenen Fällen dazu kommen, dass Urlauber statt eines Fahrzeugs der gebuchten Klasse C21 ein größeres Modell wie den C25 erhält. Für den möglichen höheren Spritverbrauch muss indes der Mieter aufkommen. Doch keine Sorge: Ein kleinere rollende Ferienwohnung als „Downgrade" droht indes nicht. Gut zu wissen: Man bucht stets nur eine Kategorie mit einer bestimmten Anzahl an Sitz- und Schlafplätzen – nie eine bestimmte Konfiguration. Je nach Baujahr des Wohnmobils können sich auch Fahrzeuge einer Modellreihe leicht unterscheiden.

Kostenpflichtige Extras

Größe und Grundausstattung des Fahrzeugs stehen zwar schon mit der Buchung fest. Doch jeder Vermieter bietet noch Extras, welche die Reise komfortabler gestalten lassen. Aber Achtung: Die Palette an kostenpflichtiger Zusatzausstattung variiert je nach Anbieter.

Wer es nicht schon gebucht hat (oder es in einem Paket wie „All Inclusive" ohnehin inkludiert ist), sollte spätestens jetzt das „Kitchen Kit" und für jeden Mitreisenden jeweils das „Personal Kit" buchen. Denn es dürfte erfahrungsgemäß nicht nennenswert preiswerter sein, diese Utensilien vor Ort bei Walmart, Dollar Tree oder anderswo zu erwerben.

Auch wenn auf den Campgrounds meist Picknicktische und -bänke vorhanden sind: Mit gemieteten Stühlen – sowie bei Bedarf einem Tisch – sind Reisende flexibler und haben auch bei Pausen das passende Equipment dabei. Zuweilen lassen sich gegen eine geringe Gebühr auch eine Kaffeemaschine, Reiskocher bzw. ein Toaster mieten.

Wichtig für Familien: Kindersitze können nicht gemietet werden!

Ob ein Navigationsgerät benötigt wird, hängt stark von persönlichen Vorlieben ab. Viele nutzen Apple oder Google, ausreichendes Datenvolumen und Netzverfügbarkeit vorausgesetzt. Andere setzen auf Apps, die das Herunterladen von Kartenmaterial sowie entsprechende Offline-Navigation ermöglichen, beispielsweise *maps.me* (für iOS und Android). Wer hingegen öfters in die USA reist, für den lohnt es sich schon mit der zweiten Reise, vor Ort ein günstiges Navigationsgerät zu erwerben – ab rund 100 US-Dollar bei der Elektronikkette BestBuy.

Theoretische Fahrzeugeinweisung

Ergänzend zu den Formalitäten findet noch im Office ein Teil der praktischen Einweisung statt: per Video! Mittels eines kurzen Films lernen die Urlauber ihr Vehikel kennen. Hierbei werden wichtige Funktionen, beispielsweise die Wasserversorgung und der Stromanschluss, erläutert – oftmals sogar auf Deutsch. Diese Videos sind zuweilen auch der Website des Anbieters, in einer App oder sogar auf Youtube zu finden. Somit können sich Reisende dieses Videos auch unterwegs anschauen, wenn Fragen aufkommen.

Stauraum: von außen zugänglich

Praktische Fahrzeugeinweisung

Nun endlich geht es aus dem Office hinaus auf den Hof, wo die fahrbare Ferienwohnung wartet – der große Moment. Oder anders gesagt: Schritt zwei der Übernahme.

Wichtigster Grundsatz: Man sollte sich alles zeigen und erklären, idealerweise auch vorführen lassen. Wirklich alles! Nur so lassen sich unliebsame Überraschungen vermeiden, wenn beispielsweise erst nach etlichen Meilen festgestellt wird, dass wichtige Ausrüstung fehlt. Und auch falls der Mitarbeiter der Verleihfirma in Zeitnot ist, sollten Reisende auf eine ausführliche und umfassende Einweisung Wert legen.

Tankstutzen: am besten auch zeigen lassen!

Die wichtigsten Fragen sind:

- Wie funktionieren die verschiedenen Wasseranschlüsse? Und wo finden sich die Schläuche?
- Sind Personal und Kitchen Kit an Bord?
- Sind Gasherd und Stromanschluss funktionstüchtig? Was ist bei der Gasanlage zu beachten?
- Wo ist der Tank und wie wird er geöffnet? Wird Benzin (im Regelfall, oder ausnahmsweise Diesel) getankt?
- Wie hoch und wie lang ist das Wohnmobil?
- Ist die gebuchte Zusatzausstattung (beispielsweise Campingstühle, Toaster und Navigationsgerät) ins Fahrzeug geräumt?
- Kontrollpanel (engl.: Monitor) für Wasserstand und Co. erklären lassen!
- Funktionieren Klimaanlage und Heizung? Am besten testweise einschalten!
- Sind Beulen oder Kratzer bzw. Schäden an der Windschutzscheibe vorhanden, die vom Vormieter verursacht wurden? Gut im Vertrag dokumentieren, damit man selbst nicht für vorhandene Schäden anderer haften muss!
- Wo liegt das Benutzerhandbuch?
- Falls benötigt: Was muss bei der Benutzung des Generators beachtet werden?
- Ist der Kühlschrank eingeschaltet? Da meist direkt nach der Übernahme ein Supermarkt angesteuert wird, sollte vor der Abfahrt der Kühlschrank eingeschaltet werden!

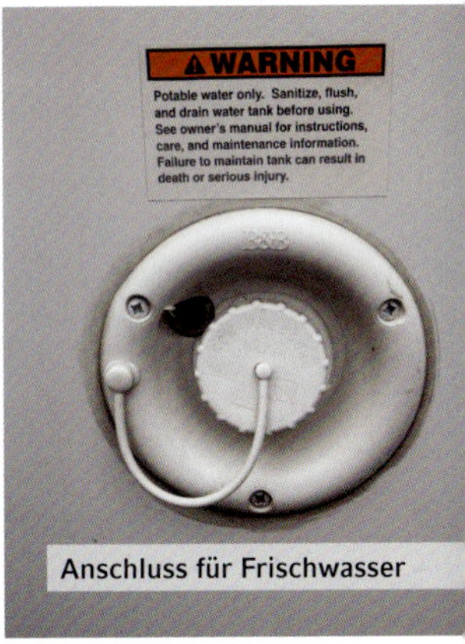

Anschluss für Frischwasser

Wenn alles – wirklich alles (!) – verstanden ist, heißt es: Reisetaschen, Rucksäcke und Co. einladen und einsteigen. Auf geht's!

Pflichten des Mieters

Auch bei einem Wohnmobilurlaub müssen gewissen Regeln eingehalten werden – beispielsweise Vorgaben des Vermieters oder

Bedingungen, damit ein vereinbarter Versicherungsschutz tatsächlich mögliche Schäden ersetzt. Letzteres gilt umso mehr, falls zusätzlich zur Assekuranz des Vermieters weitere Versicherungen durch Dritte, beispielsweise über den Reiseveranstalter, abgeschlossen wurden.

Zu den wichtigsten Regeln zählen:

- Bei Fahrten unter Alkohol oder Drogen erlischt jeglicher Versicherungsschutz!
- Wenn auf Fahrten außerhalb des zugelassenen Streckennetzes Schäden entstehen, werden diese nicht ersetzt. Auch Abschleppkosten und ähnliches gehen zu Lasten des Mieters.
- Entsteht ein Schaden durch einen Fahrer, der nicht als Zusatzfahrer im Mietvertrag eingetragen ist, zahlt die Versicherung ebenfalls nicht.
- Wird der falsche Treibstoff eingefüllt, trägt der Mieter die Kosten für das Ablassen des falschen Sprits. Richtig teuer wird es, wenn der Motor bereits gestartet wurde und der falsche Treibstoff aus dem Tank in die Leitungen des Fahrzeugs geströmt ist.

Letzter Schritt vor der Abfahrt: Gepäck einladen

- Beim Manövrieren und Rangieren sollten Mitreisende helfen und den Fahrer ggf. einweisen. Manche Vermieter schreiben dieses Vorgehen sogar per Mietvertrag vor, damit mögliche Schäden von der Versicherung übernommen werden können.
- Schäden am Aufbau sind nicht versichert. Also unbedingt auf Länge, Breite und Höhe enger Durchfahrten achten. Manchmal passt ein Wohnmobil schon nicht unter das Dach einer Tankstelle!
- Die Versicherung der Verleihfirma kommt nicht für Schäden des persönlichen Eigentums und für Verletzungen der Reisenden (beispielsweise bei Unfällen) auf.
- Kommt der Mieter nicht seinen Pflichten zur regelmäßigen Kontrolle des Fahrzeugs (unter anderem bezüglich des Ölstands) nach, trägt er die Kosten für mögliche Schäden (siehe auch Kapitel 8, On the Road).

Mietvertrag unterschreiben

Bevor der Mietvertrag endgültig unterschrieben wird, sollte dieser nochmals gründlich gelesen werden – am besten von allen Fahrern bzw. erwachsenen Mitreisenden. Auch sollte geprüft werden, ob alle vereinbarten Zusatzleitungen wie Zusatzfahrer und ein verbesserter Versicherungsschutz entsprechend vermerkt sind. Und bei Unklarheiten vor der Unterzeichnung: besser gleich nachfragen!

Sun Outdoors Islamorada RV Park auf den Florida Keys

4. Die ersten Meter

Bis zum ersten Campingplatz sammeln Reisende schon viel Fahrpraxis.

4. DIE ERSTEN METER

Nach der erfolgreichen Übergabe mit Papierkram und Einweisung kann es endlich losgehen: Das Abenteuer „USA mit dem Wohnmobil" beginnt. Doch bei derart großen Fahrzeugen – bis zu zehn Meter lang und bis zu drei Meter breit – ist Vorsicht geboten. Im Vergleich zu einem deutschen Mittelklasse-Pkw wirken die RVs doch eher wie ein Koloss. Aber keine Sorge: Das Straßennetz in den USA ist wie gemacht für solche rollenden Eigenheime. Und gerade außerhalb der Großstädte fahren viele Amerikaner rücksichtsvoll und gelassen.

4.1 Neues Fahrgefühl

Gleichwohl, für die ersten Meter empfiehlt sich ein gemächlicher Start, um sich mit dem Wohnmobil vertraut zu machen. Denn neben den Dimensionen und einem Fahrzeuggewicht von fünf bis acht Tonnen unterscheiden sich auch die Fahreigenschaften: langsamere Beschleunigung, höherer Schwerpunkt (und damit windanfälliger) und vor allem ein deutlich längerer Bremsweg! Und nicht vergessen: Sitze und Spiegel einstellen.

An die bequeme Sitzposition gewöhnt sich der Fahrer schnell.

Nicht vergessen: Außenspiegel einstellen

Nach der Abfahrt suchen sich gerade Einsteiger am besten eine Nebenstraße und proben mal eine Vollbremsung. Auch enge Kurven und das Abbiegen können anfänglich eine kleine Herausforderung darstellen. Doch keine Sorge: Nach den ersten Meilen fährt es sich meist schon fast wie zu Hause. Gelassenheit im Urlaub hilft ebenfalls.

Gerade in Nationalparks sind zuweilen Straßen für große Wohnmobile gesperrt.

4.2 Erste Fahrtipps

Beim Spurwechsel und Abbiegen nach rechts ist Umsicht geboten: Viele „klassische Wohnmobile", also mit einem Alkoven, sind hinten meist breiter als vorne. Daher kann der Fahrer schnell den Überblick verlieren. Gerade bei unübersichtlichen Kreuzungen und Einfahrten kann es helfen, wenn der Beifahrer ebenfalls einen Blick auf die Straßen wirft, vor allem nach rechts.

Beim Wenden und an Kreisverkehren sowie beim Einparken sollten Urlauber an die Länge des Fahrzeugs denken, gerade bei den Klassen C30 und A. Diese lassen sich aufgrund der Größe weniger gut manövrieren als der heimische Pkw. Beim Fahren unbedingt auf ausreichend Sicherheitsabstand achten!

Auch wenn Wohnmobile mit einem Automatikgetriebe ausgestattet sind – in den Bergen sollten Reisende zuweilen auch manuell schalten, gerade bergab: Dafür gibt es neben den vier normalen Einstellungen (P, R, N, D) zusätzlich den sogenannten Low-Gear (manchmal auch als L2 und L3 vorhanden). In manchen Fahrzeugen existiert auch eine Tow/Haul-Funktion. Doch unabhängig vom Namen: Damit wird bergab die Motorbremse aktiviert, bergauf mehr Power übertragen. An vielen steilen Passagen stehen entsprechende Warnschilder – bei-

Wichtiger Hinweis: Motorbremse nutzen (nahe Mount Rushmore)

spielsweise zwischen Mount Rushmore und dem nahen Keystone. Wer sich an diese Hinweise hält und die Motorbremse nutzt, erhöht die Sicherheit für alle Verkehrsteilnehmer und schont die Bremse.

4.3 Wichtige Verkehrsregeln

Allein schon das gewohnte Fahren auf der richtigen Seite – also mit Rechtsverkehr wie im deutschsprachigen Raum – vereinfacht die Umstellung. Allerdings werden Entfernungen und Geschwindigkeit ungewohnter Weise in Meilen statt in Kilometern angegeben (eine Meile = 1,6 Kilometer). Zudem gibt es in den USA einige Regeln, die sich doch gravierend zu Deutschland unterscheiden. Hinzu kommt: Manche Regeln können von Bundesstaat zu Bundesstaat leicht variieren – beispielsweise die Tempolimits auf den großen Interstates oder die Promillegrenze. Um die Urlaubskasse nicht unnötig zu belasten, sollten sich Reisende an die Regeln halten. Schon ein Überfahren eines Stopp-Schildes oder ein kleiner Verstoß gegen das Tempolimit können schnell 200 US-Dollar und mehr kosten.

Ampeln

In den USA sind Ampeln anders als in Deutschland postiert: Sie stehen hinter der Kreuzung, nicht vor der Kreuzung. Daran

Aufpassen: Ampeln stehen in den USA meist hinter der Kreuzung.

gewöhnen sich viele Fahrer schnell, mache empfinden es sogar einfacher als zu Hause. Wer an einer roten Ampel rechts abbiegen möchte, darf dies im Regelfall – es sei denn, das Schild „No Right on Red" verbietet das. Aber Weiterfahren ist erst nach dem Anhalten gestattet. Bei einer eigens ausgewiesenen Rechtsabbiegespur muss sogar bei Rot abgebogen werden, sofern keine Autos von links kommen. Beim Linksabbiegen steht „Yield" für „Vorfahrt gewähren", wenn keine Linksabbieger-Ampel vorhanden ist.

Vier-Stopp-Kreuzungen

Die Regel „Rechts vor Links" besteht in den USA vom Prinzip her nicht: Entweder gilt Vorfahrt oder Stopp. Gerade in Nebenstraßen findet sich zudem oftmals die sogenannte „Vier-Stopp-Kreuzung", meist mit dem Schild „All Way" oder „4-Way" eigens gekennzeichnet. Hier müssen alle Fahrzeuge anhalten und fahren in der Reihenfolge weiter, wie sie angehalten haben, bezogen auf die weiße Haltelinie. Manchmal wirkt das Ungewohnte verwirrend – dann lieber eine Sekunde länger warten und die Reaktion der anderen abwarten, als zu früh zu fahren. Nur wenn wirklich beide Autos gleichzeitig eintreffen, gilt wiederum doch „Rechts vor Links". Wer unsicher ist, verständigt sich per Handzeichen.

Ungewohnt, aber typisch amerikanisch: 4-Way-Stoppschilder: Alle müssen anhalten! Weiterfahrt in der Reihenfolge des Ankommens.

Schulbusse

Vorsicht bei Schulbussen: An den bekannten klassisch gelben Schulbussen darf nicht vorbei gefahren werden, solange Kinder ein- oder aussteigen – somit ist weder Überholen erlaubt noch das Passieren eines Schulbusses auf der anderen Straßenseite im Gegenverkehr. Die eingeschaltete Warnblinkanlage – sowie oftmals auch ausgeklappte, gut sichtbare Stopp-Schilder – signalisieren anderen Verkehrsteilnehmern: anhalten, nicht vorbei fahren und warten, bis der Bus sich wieder in Bewegung gesetzt hat – sonst wird es teuer. Gerade bei Verstößen mit Schulbussen verstehen die Behörden keinen Spaß! Zudem gilt: Bei Unfällen mit Kindern hat der Autofahrer grundsätzlich Schuld.

Schulbusse mit blinkenden Warnlichtern dürfen nicht passiert werden.

Tempolimits

Geschwindigkeitsbegrenzungen sollen unbedingt eingehalten werden. Wer zu schnell unterwegs ist, muss auch bei geringen Übertretungen oftmals deutlich höhere Strafen löhnen als in Deutschland. Zudem gelten im Bereich von Baustellen häufig doppelt so hohe Geldbußen – Schilder weisen darauf hin. Vorsicht ist auch in der Nähe von Schulen geboten: Während der Unterrichtszeiten gelten oftmals strengere, sprich niedrigere Tempolimits (15 oder

Tempolimit unbedingt einhalten!

25 MPH) als zu den übrigen Zeiten. Auch Strafen können dann höher ausfallen. Gut sichtbare Schilder, meist auch gelb blinkende Warnsignale, weisen auf diese Schulzonen hin. Gut zu wissen: Navigationsgeräte und -apps informieren meist über das jeweilige „Speed Limit". Doch nicht immer sind die Angaben aktuell.

Im Regelfall gelten folgende Höchstgeschwindigkeiten, angegeben in Miles per Hour (MPH, Meilen pro Stunde)

1. In Ortschaften: meist 25 bis 45 MPH, am Stadtrand zuweilen bis 55 MPH
2. Auf Highways (Landstraßen): meist 65 MPH
3. Auf Freeways und Interstates (Autobahnen): zwischen 75 und 85 MPH (je nach Bundesstaat)

Tipp: In Kanada werden Geschwindigkeit und Entfernung (wieder) in Kilometern statt in Meilen angegeben. Daher lässt sich bei manchen Fahrzeugen der Tacho umstellen (Schalter oftmals neben dem Tacho), obgleich auf dem Display meist in klein auch die Angaben in Kilometern zu erkennen sind.

Langsam fahrende Fahrzeuge, beispielsweise an steilen Pässen, müssen Haltebuchten nutzen, wenn sich hinter ihnen mehrere Fahrzeuge deswegen in einer Kolonne stauen. Denn auch Autofahrer, die zu langsam unterwegs sind, können belangt werden.

Promillegrenze

Alkohol? Ja, aber! Grundsätzlich ist Alkohol am Steuer in den USA gestattet. Die Promillegrenze liegt laut ADAC landesweit bei 0,8 Prozent, wobei auch hier Abweichungen möglich sind. Aber: Bei Fahrern von Wohnmobilen (und Mietwagen) erlischt im Regelfall der Versicherungsschutz, wenn diese alkoholisiert einen Unfall verursachen (siehe auch Kapitel 3.3., Mietbedingungen, Versicherungen und Kaution). Zudem kann die Polizei in solchen Fällen ebenfalls eine Strafe verhängen, obwohl die Promillegrenze nicht überschritten wurde. Also doch besser unterwegs auf den Alkohol verzichten und das Feierabend-Bier erst genießen, wenn das Wohnmobil seine finale Parkposition erreicht hat.

Gut zu wissen: Alkohol darf in Wohnmobilen nicht in Reichweite des Fahrers gelagert werden. Idealerweise sollten Flaschen noch original verschlossen sein.

Gerade in Nationalparks gibt es spezielle Parkplätze für RVs.

Parkplätze

Vorweg: Egal, wo geparkt wird – Hydranten dürfen niemals zugestellt werden, der Mindestabstand beträgt drei Meter in jede Richtung! Auf kostenpflichtigen Parkplätzen sollten Wohnmobilfahrer beachten, dass sie oftmals mehr als einen Stellplatz benötigen und dementsprechend auch doppelt bezahlen müssen. Neben Parkuhren, die zuweilen die Eingabe des Nummernschildes oder die Nummer des Stellplatzes erfordern, werden auch Apps immer beliebter.

Beim Parken am Straßenrand wiederum muss auf die farbigen Markierungen am Bordstein geachtet werden: Rot steht für ein absolutes Halteverbot, blaue Linien weisen auf Behindertenpark-

Auch große Wohnmobile finden oftmals ausreichend Platz zum Parken.

plätze hin. Ladezonen sind gelb-schwarz markiert, bei weißen Markierungen sind fünf Minuten erlaubt (innerhalb der Geschäftszeiten). Grün gestattet zehn Minuten Aufenthalt (sofern nicht anders angegeben), Gelb kennzeichnet Ladezonen mit max. 20 Minuten Aufenthalt, wobei der Fahrer im Wagen warten muss.

Verhalten bei Verkehrskontrollen

Meist signalisiert die Polizei mit eingeschalteter Sirene und weiteren Leuchtzeichen von hinten, dass ein Fahrzeug anhalten soll. In diesem Fall gilt: rechts heranfahren, stoppen, Fenster an der Fahrertür herunterlassen und ruhig bleiben. Der Fahrer sollte seine Hände idealerweise auf das Lenkrad legen, auch die Mitfahrer vermeiden hektische Bewegungen besser. Angesichts der Waffenfreiheit in den USA sind Polizisten – verständlicherweise – stets in Sorge, dass plötzlich eine Waffe gezogen wird. Also, ruhig verhalten und freundlich reagieren, wenn nach Führerschein und Papieren gefragt wird. Die Hände am besten erst nach Rücksprache mit dem Officer vom Lenkrad nehmen, um die Unterlagen herauszugeben. Gerade das unbedachte Öffnen des Handschuhfachs kann zu kritischen und alarmierenden Reaktionen der Polizei führen.

Center Lanes

Ausfallstraßen in den Städten sowie Hauptstraßen in kleineren Orten verfügen oftmals über eine sogenannte Center Lane. Sie dient Fahrern in beiden Richtungen zum Abbiegen nach links – ein durchgehendes Befahren ist nicht erlaubt (maximal bis 80 Meter).

Einbahnstraßen

Gerade in Innenstädten dürfen viele Straßen nur in eine Richtung befahren werden. Doch nicht immer weisen Schilder mit „Einfahrt verboten" darauf hin, dass man hier nicht hineinfahren kann. Sie sind aber links mit einer gelben Markierung gekennzeichnet.

Sicherheitsgurte und Kinder

Selbstverständlich müssen auch in den USA alle Insassen angeschnallt sein. Kinder benötigen zugelassene Kindersitze (siehe auch Kapitel 2.4, Reisen mit Kindern). Zudem dürfen Mitfahrer unter zwölf Jahren auch an Raststätten nicht allein im Wohnmobil bleiben. Gut zu wissen: Wenn Kinder und Jugendliche an Bord sind, herrscht Rauchverbot im Fahrzeug.

Carpool

Auf manchen Interstates und Freeways, vor allem rund um Metropolen wie Denver, Houston und Los Angeles sind die linken Fahrspuren zuweilen als „Car Pool Lane", teils auch mit einem Karo gekennzeichnet (daher der Spitzname „Diamant Lane"), markiert. Hier dürfen nur sogenannte Fahrgemeinschaften unterwegs sein! Dazu genügt es meist, wenn zwei Personen (siehe Schilder) im Wohnmobil sitzen.

Unfälle

Auch wenn es nur Blechschäden sind, sollte bei Unfällen immer Polizei hinzugezogen werden (Telefon 911). Zudem ist es zwingend vorgesehen, den Verleiher des Wohnmobils innerhalb von 24 Stunden zu informieren, um nicht den Versicherungsschutz zu gefährden.

Mautgebühren

Die bekannteste gebührenpflichtige Straße dürfte auch die imposanteste sein: die Golden Gate Bridge. Aber nur wer Richtung Innenstadt fährt, zahlt eine Gebühr, stadtauswärts kostet die Fahrt nichts. Die Gebühr von rund zehn US-Dollar kann nicht mehr vor Ort bezahlt werden, sondern muss an Automaten oder per Website erfolgen (*bayareafastrak.org/en/tolls/one-time-payment.shtml*; bis maximal 48 Stunden nach der Überfahrt oder bis zu 30 Tage vorher).

Mautstraßen sind als „Tollroad" oder „Turnpike" gekennzeichnet. Vor allem in Florida und in Kalifornien müssen Urlauber mit solchen gebührenpflichtigen Straßen rechnen. Im Regelfall bestehen kostenfreie Alternativrouten, die in manchen Fällen die Fahrtzeiten verlängern. Die Abrechnung erfolgt unterschiedlich, gerade im Sunshine State kann es sich lohnen, einen sogenannten Sun Pass als Mautbox anzuschaffen. Am besten fragen Urlauber den Vermieter, wenn das Wohnmobil übernommen wird. Viele Verleihfirmen ermöglichen auch eine nutzungsabhängige Abrechnung.

Weitere wichtige Regeln

In vielen Bundesstaaten muss auch tagsüber mit Abblendlicht gefahren werden. Eine gelbe durchgezogene Linie trennt den Verkehr auf entgegengesetzten Fahrstreifen ab. Doppelt gelb heißt wiederum: Überholen verboten. Und wie in Deutschland ist Telefonieren am Steuer nur mit Freisprecheinrichtung erlaubt.

Bei zwei durchgehenden gelben Linien gilt Überholverbot.

Bußgelder

Verstöße im Straßenverkehr sind in den USA deutlich teurer als in Deutschland. Zudem sollte Autofahrern bewusst sein, dass Strafen und Bußgelder je nach Bundesstaat unterschiedlich teuer ausfallen können. Selbst wer nur das Tempolimit gering überschreitet, zahlt schnell 150 US-Dollar und mehr. Parkverstöße können durchaus mehr als 50 US-Dollar kosten. Wer nicht an einem Stoppschild oder nicht für einen Schulbus anhält, muss mit Strafen ab 200 US-Dollar rechnen. Telefonieren ohne Freisprecheinrichtung kann durchaus Bußgelder von über 100 US-Dollar nach sich ziehen, ein Verstoß gegen die Gurtpflicht in ähnlicher Höhe. Wer mit bzw. zu viel Alkohol am Steuer erwischt wird, dem drohen je nach Bundesstaat durchaus Geldstrafen von 1000 US-Dollar und mehr.

Strafen bezahlen

Der Polizist vor Ort darf zwar Bußgelder verhängen – aber nicht das Geld kassieren. Die Strafe muss an die Adresse überwiesen werden, die auf dem Strafzettel oder Bußgeldbescheid angegeben ist. Reisende, die dieser Pflicht nicht bzw. nicht rechtzeitig nachkommen, müssen mit Problemen bei der nächsten Einreise in die USA rechnen.

5. Der erste Einkauf

Nach dem Abholen führt die erste Fahrt meist zum Supermarkt.

5. Der erste Einkauf

Nach den ersten Meilen im rollenden Ferienheim bietet sich als erstes ein Stopp bei einem großen Supermarkt an. Neben Lebensmitteln stehen meist auch Drogerieartikel und weiteres Equipment auf der Einkaufsliste.

Und wer nicht ohnehin Bargeld aus Deutschland mitgebracht hat, sollte jetzt auch kurz am Geldautomaten vorbei schauen. Natürlich kann in den USA oftmals bequem mit Kreditkarte bezahlt werden. Doch manche Campgrounds (vor allem staatliche) sowie die sogenannten Day Use Areas müssen cash bezahlt werden (am jeweiligen Eingang im Umschlag in eine Box werfen).

Ideal für den ersten Großeinkauf: Walmart oder andere Supermärkte

5.1 Großeinkauf

Die Preise in den USA liegen auf einem ähnlichen Niveau wie hierzulande, wobei der Vergleich auch vom jeweils gültigen Wechselkurs abhängig ist. Außerhalb der Metropolen, sprich in ländlichen, abgelegenen Gegenden und in touristischen Regionen muss mit höheren Preisen gerechnet werden. Grundsätzlich eher teurer als in Deutschland sind Milch und Milchprodukte, während Fleisch und Fisch meist günstiger sind.

Wichtig: Die Mehrwertsteuer – beispielsweise in Kalifornien 7,25 Prozent, in Florida 6,0 Prozent und in Colorado 2,9 Prozent – wird erst an der Kasse darauf gerechnet. Somit ist der tatsächliche Preis immer höher als ausgewiesen, was durchaus auch erfahrene Reisende irritiert.

Für den ersten Einkauf steuern viele Urlauber die nächste Walmart-Filiale an. Gerade die sogenannten Superstores bieten alles, was das Camper-Herz begehrt: von Lebensmitteln über Drogerieartikel und Bekleidung bis zum tragbaren Grill. Perfekt für die Erstausstattung. Bei Lebensmitteln lohnt überdies der Besuch der Filialen von ALDI, Safeway (hauptsächlich an der Westküste) und Trader Joe's. Walgreens und CVS sind die bekanntesten Drogerieketten. Die hier ebenfalls angebotenen Lebensmittel sind jedoch vergleichsweise teuer. Ein Paradies für Camper und Outdoor-Freunde sind die Einkaufspaläste von Bass Pro Shops, bekannt in Deutschland auch durch die TV-Serie „Last Man Standing" mit Tim Allen. Wer noch Kleidung oder anderes benötigt, wird möglicherweise nicht nur bei Walmart, sondern auch bei Dollartree oder Target schnell und preiswert fündig.

Große Auswahl an Fleisch und mehr

Viele Geschäfte sind meist an sieben Tagen geöffnet und oft auch abends lange zugänglich. Das erleichtert den Einkauf. Gleichwohl: Zu den ersten Stopps direkt nach der Übernahme zählt idealerweise ein großer Supermarkt. Damit sollte besser nicht gewartet werden.

Doch was gehört nun in den Einkaufswagen? Der tägliche Speiseplan hängt natürlich stark vom persönlichen Geschmack ab. Marmelade, Nutella oder Ahornsirup, Käse oder Schinken, Tee oder Kaffee – das muss natürlich jeder Reisende für sich entscheiden. Grundsätzlich werden Lebensmittel für

Der Einkaufswagen füllt sich schnell.

morgens, mittags und abends benötigt, dazu Snacks und Getränke sowie ein paar Basisprodukte. Wie auch für den Wochenendeinkauf in Deutschland empfiehlt es sich, vorab eine Liste zu machen – damit niemand unnötig im Urlaub in Einkaufsstress gerät.

Zu den Standards beim ersten Großeinkauf zählen beispielsweise Kräuter, Olivenöl, Ketchup und ähnliche Lebensmittel, die den gesamten Urlaub über gebraucht werden. Tipp: Manches davon findet der Reisende zuweilen auch in speziellen „Reste-Regalen" bei den Verleihfirmen: Dort deponieren oftmals frühere Mieter ihre nicht verbrauchten Lebensmittel, wenn sie ihr Fahrzeug zurückgeben. Neben frischen Produkten wie Gemüse und Fleisch bietet es sich an, auch einige Konserven wie Ravioli mitzunehmen, wenn es abends mal schnell gehen soll. Wer einen Backofen an Bord hat, kann in solchen Fällen auf Tiefkühlpizza ausweichen. Ausreichend Platz ist in den Schränken vorhanden, für Getränke bieten sich auch die von außen zugänglichen Fächer an.

Beim ersten Einkauf ist der Beleg oft sehr lang.

Neben Lebensmitteln werden zuweilen noch weitere Produkte benötigt. Dazu zählen vor allem Geschirrspülmittel, Putzlappen, Flüssigseife, einlagiges Toilettenpapier, Müllbeutel, Küchenrolle und ähnliche Utensilien, wie man sie auch in Deutschland tagtäglich verwendet. Andere Dinge des täglichen Bedarfs wie Haarshampoo, Duschgel oder Zahnpasta dürfen ebenfalls nicht fehlen, werden aber meist aus Deutschland mitgebracht.

Auch für mehr Komfort beim Camping bietet sich so manches an, was sich gerade auch bei Walmart zeitsparend und kostenschonend findet: Dazu zählen beispielsweise Teelichter und Citronella-Kerzen gegen Insekten, Feuerzeug bzw. Streichhölzer, Campingstühle (sofern nicht ausgeliehen), Tischdecken für ein hübscheres Ambiente und ähnliches. Manche erwerben gerade bei längeren

Aufenthalten überdies bequeme Liegestühle, wärmende Fleecedecken, Hängematten sowie Luftmatratzen für Meer oder See. Auf keinen Fall sollten Reisende vergessen, ausreichend Chemikalien für die Bordtoilette zu erwerben. Im Regelfall liefern die Vermieter nur ein Basissortiment mit und nicht alle verkaufen diese Mittel auch im Depot.

Je nach Urlaubsregion – etwa im Yellowstone National Park – sollte auch der Kauf von Bärenspray erwogen werden. Dieses ist vor Ort in den Visitor Centers erhältlich und kann zuweilen auch tageweise kostengünstig ausgeliehen werden. Manche Geschäfte nehmen die Flasche auch wieder entgegen und zahlen den Kaufpreis anteilig zurück. Gerade bei längeren Aufenthalten und/oder Touren ins Hinterland (Backcountry) sollte die Mitnahme von Bärenspray geprüft werden.

Wichtiger Schutz in manchen Regionen: Bärenspray

5.2 Einkaufsliste für den Lebensmitteleinkauf

- Zucker, Salz, Gewürze (Pfeffer etc.), Soßen (Ketchup, Senf, Salat, Sour Cream, Sandwich etc.) sowie Essig und Öl
- Brot, Brötchen, Bagels und süße Backwaren (Muffins etc.)
- Cornflakes und Milch, ggf. fertiger Pancake-Teig (mit Wasser)
- Wurst und Käse, Marmelade, Nutella, Peanutbutter sowie Butter bzw. Margarine
- Tee bzw. Kaffee (ggf. Pulver für heißes Wasser, falls keine Kaffeemaschine vorhanden)
- Eier
- Gemüse (frisch und Konserve), Maiskolben
- Beilagen wie Nudeln (plus Soßen), Kartoffeln oder Reis
- Fleisch oder Würstchen für Pfanne, Grill oder Lagerfeuer
- Obst und ggf. getrocknete Früchte
- „Notfall-Essen" wie Suppen, Ravioli oder Tiefkühlpizza

- Eis (falls Gefrierschrank vorhanden)
- Snacks wie Kekse, Schokolade und Joghurts sowie Marshmallows fürs Lagerfeuer
- Getränke wie Mineralwasser, Säfte, Softdrinks sowie Bier und Wein

5.3 Einkaufsliste für Drogerie- und Campingbedarf

- Geschirrspülmittel
- Putzlappen
- Geschirrhandtücher
- Flüssigseife
- Toilettenpapier (einlagig für Verwendung im RV!)
- Müllbeutel
- Küchenrolle
- Ggf. Alufolie und Brotbeutel
- Sonnencreme und Aftersun
- Insektenschutz
- Duschgel
- Haarshampoo
- Zahnpasta
- Waschmittel
- Kleenex
- Flüssigseife und/oder Handdesinfektionsmittel
- Toilettenchemikalien
- Teelichter bzw. Citronella-Kerzen gegen Insekten
- Feuerholz sowie ggf. portabler Grill
- Feuerzeug oder Streichhölzer
- Campingstühle (falls nicht gemietet)
- Tischdecken, Fleecedecken
- Beschichtete Pfanne (falls nicht vorhanden)
- Luftmatratzen fürs Meer oder Hängematten
- Arbeitshandschuhe (falls nicht vom Vermieter gestellt)
- Bei Bedarf: Angelzeug und ggf. Bärenspray (in Nationalparks erhältlich)

Tipp: Leere Kartons mitnehmen, um Einkäufe im RV besser zu verstauen.

5.4 Anregungen für den Speiseplan

Breakfast:

- Rühreier mit Speck (besser nur in beschichteten Pfannen)
- Pancakes (selbst gemacht oder Fertigmischung)

Neben Baguette ist mittlerweile oft auch Vollkornbrot erhältlich.

Lunch:

- Salat (selbst gemacht oder aus dem Supermarkt)
- Sandwiches oder Wraps (selbst gemacht oder aus dem Supermarkt)
- Seafood aus der Fischtheke im Supermarkt

Dinner:

- Allerlei vom Grill (Burger, Steaks) mit Maiskolben (in Alufolie grillen, buttern und salzen), Gemüse oder Salat sowie Baguette
- Tortillas mit Bohnen, Pilzen, Mais, mexikanischer Soße und Hähnchenfleisch
- Gebackene Kartoffeln (in Folie backen) mit Sour Cream und Speckwürfeln (Bacon bits)
- Bratkartoffeln und Rühreier
- Div. Fleisch in der Pfanne
- Nudeln mit Beilagen
- Kartoffel-Möhren-Eintopf (ggf. im gusseisernen Dutch-Oven im Lagerfeuer)
- Gemüsepfanne

6. Der erste Abend

Campingidylle am Lagerfeuer

6. Der erste Abend

Nun kann das Abenteuer wirklich beginnen! Nach der erfolgreichen Übernahme und dem Großeinkauf wird es wirklich Zeit, die ersten Meilen auf einem unvergesslichen Roadtrip zu genießen. Der erste Abend – vielleicht schon mit Kaltgetränk und Lagerfeuer – lässt jetzt nicht mehr lange auf sich warten.

Valley of Fire State Park (bei Las Vegas)

6.1 Campingplatz finden

Idealerweise steuern Urlauber am ersten Tag einen Campingplatz an, der nicht allzu weit vom Depot des Vermieters entfernt liegt. Denn Abholen und Einkaufen kann durchaus mehrere Stunden dauern, und wer vielleicht sogar erst nachmittags mit diesen Vorbereitungen fertig ist, hat schon einen langen Tag hinter sich – und umgekehrt ist je nach Jahreszeit und Region der Sonnenuntergang nicht mehr fern. Faustformel: Vom Supermarkt bis zum Stellplatz sollte die Fahrt nicht länger als 90 bis maximal 120 Minuten dauern. Je kürzer, desto besser.

Am besten planen Reisende gerade den ersten Tag besonders gut. GoogleMaps und ähnliche Apps dürften helfen, die Fahrtzeiten zwischen Verleihstation, Supermarkt und Campingplatz abzuschätzen. Und gerade für den ersten Abend lohnt es sich, einen Stellplatz zu reservieren (siehe auch Kapitel 1.4, Wo übernachten? Arten von Campingplätzen) und sich so unnötigen Stress bei einer möglichen Suche zu ersparen. Wer beispielsweise in San Francisco startet, könnte den Campingplatz von KOA im Hafen von Moss Landing (*koa.com/campgrounds/moss-landing*) ansteuern. Und bei Reisebeginn in Las Vegas bietet sich entweder ein Platz in der Stadt, beispielsweise am Hotel Circus Cirus (*circuscircus.com/hotels/rv-park*) direkt am berühmten Strip oder im nahe gelegenen Valley of Fire State Park an (*parks.nv.gov/parks/valley-of-fire*; allerdings ohne Reservierungsmöglichkeit). Gerade am ersten Abend empfiehlt es sich, einen Stellplatz mit Stromanschluss zu buchen, um die Batterien des Fahrzeugs sowie eigene Akkus für Kameras und ähnliches nochmals zu laden.

6.2 Einchecken und Einparken

Ist der Campingplatz erreicht, führt bei kommerziellen Anlagen oder großen staatlichen Plätzen (beispielsweise im Madison Campground des Yellowstone National Park) der erste Weg zur Rezeption. Nach dem Bezahlen erfährt der Gast die Nummer seines Stellplatzes und bekommt, falls vorhanden, die Zugangskarte für die Schranke. Zuweilen gibt es auch Schlüssel oder einen vierstelligen Code, damit Toiletten und Duschen genutzt werden kön-

Einchecken im Office des Ruby's Inn RV Park & Campground

Oft muss ein Beleg auf dem Armaturenbrett oder unterm Scheibenwischer sichtbar befestigt werden.

nen. Übrigens: Bei vielen Campingplätzen, etwa der landesweiten KOA-Kette, ist das Büro nicht rund um die Uhr besetzt. Wer außerhalb der Öffnungszeiten anreist, sollte vorher anrufen. Dann wird geklärt, wo ggf. die Schlüssel oder ähnliches zu finden sind. Denn bei gesicherten Anlagen, etwa mit einer Schranke, lässt sich sonst das Wohnmobil nicht wie geplant über Nacht parken.

Bei staatlichen Plätzen, also vor allem National und State Parks, sind hingegen oft weder Office noch Rezeption vorhanden. Hier müssen sich Reisende an der Einfahrt selbst registrieren („self registration"), wenn vorab keine Reservierung getätigt wurde. Dazu muss ein Formular ausgefüllt werden – ein Abschnitt muss

Am North Campground im Bryce Canyon National Park müssen sich Reisende selbst registrieren, wenn sie nicht vorgebucht haben.

am Stellplatz bzw. im Wohnmobil sichtbar aufgehängt bzw. ausgelegt werden, ein weiterer Abschnitt geht mit dem Geld in einen Briefumschlag und dann in eine Box. Für solche Fälle sollten Reisende immer ein bisschen Bargeld dabei haben!

Zahlstelle

Im Schritttempo schließlich wird der Stellplatz angesteuert. Im Regelfall ist festgelegt, in welche Richtung ein Fahrzeug zu stehen hat – damit alle Wohnmobile gleich parken und die Privatsphäre aller Gäste gewahrt wird. Meist muss man vorwärts einparken und dann am nächsten Morgen rückwärts zurücksetzen. Es gibt aber auch Flächen, die wieder vorwärts verlassen werden (sogenannte „Pull thru site"). Beim Parken hilft der Beifahrer am besten als Einweiser. Und vor allem sollte er darauf achten, dass das rollende Ferienhaus möglichst gerade steht – sowohl längs als auch quer. Steht das Wohnmobil geneigt, in welche Richtung auch immer, könnte sich das Schlafen beschwerlicher gestalten – und auch das übrige Leben mühevoller, wenn stets Gegenstände ins Rutschen geraten.

Austarieren mit Unterlegkeilen

Tipp: Manche Vermieter liefern Unterlegkeile mit. Diese kommen unter die entsprechenden Reifen, beispielsweise vorne links, und helfen beim Ausbalancieren. Das ganze Procedere gestaltet sich meist mit jeder abendlichen Ankunft einfacher!

6.3 Aufbauen und Anschließen

Als nächstes gilt es, das Wohnmobil quasi „nachtfertig" zu machen. Damit sich eine zeitsparende Routine einspielt, sollte der Aufbau des Camps immer in der gleichen Reihenfolge ablaufen:

- Als erstes sollte das Stromkabel mit dem entsprechenden Stromkasten verbunden werden. Das klappt quasi genauso einfach wie zu Hause, wenn ein Verlängerungskabel durchs Wohnzimmer gelegt wird. Das mitgelieferte Stromkabel ist erfahrungsgemäß ausreichend lang. Ein Blick beispielsweise auf die Mikrowelle zeigt, ob Strom fließt. Manchmal muss ggf. am Stromkasten die Sicherung eingeschaltet werden. Wenn auch das nicht hilft: eine andere Buchse wählen oder den Nachbarn bzw. das Personal fragen. Das Problem ist meist schnell gelöst.
- Falls ein Full Hook-up Stellplatz gewählt wurde, können jetzt die Wasserschläuche angeschlossen werden (siehe auch Kapitel, 7.7 Wasserversorgung und Dump station). Damit ist das meiste geschafft!
- Bevor die Toilette erstmals benutzt werden kann, muss sie mit den entsprechenden Chemikalien vorbereitet werden. Im Regelfall handelt es sich um kleine Päckchen, gefüllt mit blauen Pulver (ähnlich einem Tab für die heimische Spülmaschine).
- Kontrollpanel bzw. Bedienkonsole checken: Stand von Frisch- und Abwassertanks, Batterie und Gas. Und hier ist auch der Schalter für den Warmwasserboiler für warmes Wasser (Küche und Dusche) zu finden – ca. 20 bis 30 Minuten vor gewünschter Nutzung einschalten.

Frischwasser tanken!

- Falls keine Picknicktische oder- bänke vorhanden sind: Jetzt noch schnell Campingstühle und -tisch aus den von außen zugänglichen Staufächern holen – fertig ist das Camp.

6.4 Wohnmobil einrichten

Am ersten Abend sollten sich Urlauber einen Moment Zeit nehmen und die persönliche Ausstattung gut verstauen. Die Kleiderschränke bieten meist viel Platz. Die dann (weitgehend) leeren Reisetaschen (besser als Koffer) lassen sich dann am besten in den Staufächern bis zum Urlaubsende lagern.

Zudem müssen jedoch die gekauften Lebensmittel untergebracht werden, die nicht schon im Kühlschrank lagern. Auch dafür ist Platz vorhanden. Je nach persönlicher Vorliebe können auch einzelne Töpfe oder Schüsseln, die voraussichtlich nicht gebraucht werden, in die von außen zugänglichen Staufächer ausgelagert werden, um mehr Platz in den Schränken zu schaffen. Ein Pärchen beispielsweise ist vielleicht nicht auf jeden der zahlreichen Töpfe angewiesen und freut sich stattdessen über mehr Stauraum in den Schränken. **Tipp:** In der Mikrowelle lassen sich Brot und Backwaren gut, schattig und trocken lagern.

Schlafplätze im Heck ...

Und wer schläft wo? An Sitzmöglichkeiten mangelt es meist nicht. Auch stehen oftmals mehr Betten zur Auswahl, als tatsächlich Schlafplätze benötigt werden. Gerade bei größeren Modellen können zwei Personen in einem großen Bett im Heck sowie zwei Personen im Alkoven oberhalb der Fahrerkabine übernachten.

... und im Alkoven.

Manche Campingplätze sind nur ...

... mit Plumpsklos ausgestattet.

Paare wählen meist das Doppelbett und nutzen den Alkoven als zusätzlichen Stauraum. Zwei oder mehr zusammen reisende Freundinnen bzw. Freunde verteilen sich nach Belieben und rotieren ggf. zwischenzeitlich. Bei Familien hängt es oftmals vom Alter des Nachwuchses ab: Kleine Kinder sind tendenziell besser im Heck aufgehoben, Jugendliche eher im Alkoven. In manchen Fällen schläft aber auch ein Elternteil dauerhaft mit einem Kind im Bett, das andere allein oder mit einem zweiten Kind vorne über der Fahrerkabine. Hier gilt für Familien schlichtweg: Ausprobieren und ggf. nochmals nach einigen Nächten tauschen. Zu beachten ist auch, dass es meist keine echte Abtrennung zwischen den einzelnen Bereichen vorhanden ist, wenn überhaupt hängt ein Vorhang am Alkoven. Lediglich die großen Wohnmodelle der Klasse C30 verfügen oft über ein per Tür abgetrenntes Schlafzimmer mit dem Bett im Heck.

Duschen im Kodachrome Basin State Park (Utah)

6.5 Campingplatz erkunden

Vor oder nach einem ersten Kaffee oder Kaltgetränk bietet sich ein kleiner Spaziergang über die Anlage an. Wo sind die Toiletten und Duschen? Gibt es einen Pool, einen Minigolfplatz oder Waschmaschinen? Ein Rundgang hilft beim Orientieren – vor allem, wenn die stationären sanitären Einrichtungen statt der bordeigenen genutzt werden sollen.

Wichtig: Bei kommerziellen Campingplätzen wird zuweilen ein Schlüssel oder ein vierstelliger Türcode benötigt, um den Sanitärblock betreten zu können. Bei staatlichen Plätzen wiederum, etwa im Pfeiffer Big Sur State Park am Highway 1 in Kalifornien, werden für die Duschen entweder Quarter oder spezielle Coins benötigt. Letztere sind vor Ort in Automaten oder an der Registrierung erhältlich.

Dusche nur gegen Bezahlung

Auf größeren Campingplätzen ist zuweilen ein kleiner Shop vorhanden. Hier sind Feuerholz und ggf. notfalls auch Lebensmittel erhältlich. In den sehr stark frequentierten Nationalparks wie Yellowstone, Grand Teton oder Grand Canyon gibt es sogenannte General Stores mit einem sehr großen Angebot, teils sogar frischen Lebensmitteln.

Große Auswahl im General Store im Canyon Village (Yellowstone National Park)

7. Alltag im Wohnmobil

Alles aufgebaut und bereit fürs Abendessen (Ruby's Inn RV Park & Campground am Bryce Canyon National Park)

7. Alltag im Wohnmobil

Freiraum, spontane Aktivitäten, sprich die große Freiheit – das alles verheißt ein Roadtrip mit dem Wohnmobil. Doch selbst im größten RV ist nur begrenzt Platz. Daher lohnt es sich, einiges zu beachten, damit die Urlaubsfreude ungetrübt bleibt. Schließlich möchte man sich nicht darüber streiten, wer wann ins Bad geht oder wer für den Abwasch zuständig ist. Selbst als langjähriges Paar kann das Leben auf den wenigen Quadratmetern eines Wohnmobils eine Herausforderung darstellen – mit etwas Planung und Gelassenheit lassen sich Auseinandersetzungen aber gut vermeiden.

7.1 Ordnung ist das halbe Leben

Zwar finden sich viele Schränke, doch so viel Platz wie zu Hause ist natürlich nicht. Auch wenn das Fahrzeug am ersten Tag eingeräumt ist (siehe Kapitel 4, Die ersten Meter), bietet es sich manchmal an, nach den ersten Tagen nochmals das eine oder andere umzusortieren. Und angesichts des begrenzten Stauraums gilt ohnehin: Was nicht mehr gebraucht wird, sollte sofort wieder verstaut werden. Das schafft nicht nur Ordnung, sondern spart auch Zeit bei der Abfahrt – dann spätestens muss ohnehin alles sicher gepackt sein, um Schäden zu vermeiden. Und wie auch zu Hause sollten Urlauber zwischendurch mal zu Besen oder Handfeger greifen: Durch das Outdoor-Leben sammeln sich schnell Sand, Steine und mehr auf dem Fußboden, egal, wie sorgsam man sich verhält.

Koffer und Reisetaschen am besten in den Staufächern lagern

Gerade bei Wohnmobilen ab der Größe C25 findet sich meist ausreichend Stauraum für alle Mitfahrer und Utensilien. Bei kleineren Modellen, vor allem den Vans, müssen Urlauber hingegen damit rechnen, ggf.

einen Teil ihrer Kleidung und persönlichen Ausstattung in Tasche oder Koffer zu belassen – auch ein Hin- und Herräumen lässt sich hier möglicherweise nicht ganz vermeiden. Dafür punkten die kleinen Wohnmobile mit niedrigeren Kosten und einem angenehmeren Fahrverhalten.

7.2 Wer macht was und wann?

Gerade bei einem Campingtrip stehen viele Aufgaben an, die man von zu Hause kennt – aber nicht von einem Hotelurlaub: Kochen und Abwaschen beispielsweise. Aber auch Ungewohntes steht auf dem Plan: in erster Linie die Wasserver- und -entsorgung sowie der Stromanschluss.

Küchenblock mit Herd, Dunstabzugshaube und Spüle

In den meisten Fällen setzen Wohnmobilreisende auf die klassische Rollenverteilung: Sie übernimmt das Kochen, er kümmert sich um das Fahrzeug – wobei gegenseitige Hilfe von beiden Seiten sicherlich gern gesehen wird. Wobei auch klar ist: In der Küche ist selten Platz für mehr als eine Person, auch die Ablageflächen sind begrenzt. Bei Familien mit kleinen Kindern sollte sich also idealerweise ein Elternteil um den Nachwuchs kümmern, einer um das Essen. Und beim Abwasch lassen sich dann die Rollen tauschen.

Damit mehr Freiraum für alle bleibt, zahlt es sich aus, abwechselnd und nicht parallel die stationären Duschmöglichkeiten zu nutzen. So kann der jeweils andere allein im Wohnmobil etwas erledigen – oder die Ruhe genießen. Wer die Dusche an Bord präferiert, muss sich ohnehin abwechseln: Die Waschräume in den Wohnmobilen sind recht beengt und nur für eine Person ausgelegt. Die Erfahrung zeigt auch: Unabhängig ob als Paar, Familie oder Freunde – am besten kümmern sich alle zuerst ums Gemeinwohl, beispielsweise Aufbauen oder Kochen, erst dann stehen persönliche Wünsche von Lesen bis Planschen im Pool an. Sonst besteht schnell Konfliktpotenzial.

Das Gute ist: Nach zwei bis drei Tagen „on the road“ sind Paare und Familien meist eingespielt. Jeder kennt seine Aufgaben, das „Zeitmanagement“ hat sich bewährt. Gerade Urlauber mit jüngerem oder älterem Nachwuchs wissen dann besser, wann sie Pausen machen und wie das Zusammenspiel am besten klappt. Dann macht Camping noch mehr Spaß!

7.3 Kochen und Kühlen

In den großen Supermärkten findet sich ein großes Angebot, sodass drei köstlichen Mahlzeiten auf dem Campground nichts entgegenstehen dürfte. Viele Stellplätze verfügen über eine Feuerstelle, sodass auch über offenem Feuer (sofern erlaubt) gekocht oder gegrillt werden kann. Manch Traveller kauft sich auch einen preiswerten Kohlegrill (und verschenkt diesen am Ende der Reise weiter).

Trotz begrenzter Ausstattung lässt es sich im Wohnmobil gut kochen, wenn auch nicht so wie zu Hause. Denn meist stehen nur zwei, maximal drei Kochplatten zur Verfügung. Und nicht jedes gewohnte Küchenutensil ist auch an Bord. Wer beispielsweise Wert auf eine Knoblauchpresse legt, muss diese tendenziell mit einfliegen oder unterwegs erwerben. Viele üblichen Gerichte lassen sich aber einigermaßen problemlos zubereiten. Mit Blick auf das eingeschränkte Platzangebot und die nicht gewohnte Ausstattung empfiehlt es sich, die Menüplanung möglichst einfach zu gestalten.

Schnelle Küche: Pasta ...

Die Kochplatten werden mit Gas betrieben. Im Regelfall

verfügen diese über einen Automatikschalter, sodass nur im Notfall mit einem langen Feuerzeug oder Streichhölzern hantiert werden muss. In manchen Wohnmobilen findet sich auch ein Backofen – hier muss hingegen die Zündflamme mit Feuerzeug oder Streichholz gezündet werden. Ausreichend Töpfe und Pfannen sind im Regelfall vorhanden, ebenso Geschirr für die Zahl der Personen. Falls unterwegs etwas kaputt geht oder wider Erwarten trotz entsprechender Zusage des Vermieters etwas fehlt: einfach im nächsten Supermarkt nachkaufen und bei der Rückgabe die Quittung vorzeigen. Bei niedrigen Beträgen von bis zu rund 50 US-Dollar wird das Geld, beispielsweise für zerbrochenes Geschirr, problemlos erstattet. Neben den Kochplatten und möglicherweise einem Backofen verfügen manche Modelle auch über eine Mikrowelle. Sie kann das Kochen erleichtern, funktioniert aber nur, wenn das Wohnmobil an das Stromnetz angeschlossen ist oder ein möglicherweise vorhandener Generator läuft.

... oder Pizza

Und natürlich lässt sich gerade der Herd auch tagsüber bei einer Rast nutzen: Wer mittags beim Picknick Lust auf eine heiße Wurst oder bei Regenwetter eine wärmende Suppe hat, kann sich selbstständig versorgen. Auch ein Dinner an einem schönen Ort ist problemlos möglich, wenn der Campground erst danach angesteuert werden soll.

Drei Kochtipps für den Camping-Alltag: Wer keinen Toaster mieten kann bzw. möchte (oder keinen Stromanschluss auf dem Campingplatz hat), kann eine Schreibe (Weiß-)brot auch einfach einige Sekunden in eine heiße Pfanne legen! Und schon hat man warmes, leicht crosses Brot. Und falls mal die Lust auf Abwasch beim Pasta-Koch begrenzt ist, lassen sich Nudeln und Tomatensoße auch nacheinander im gleichen Topf erhitzen: Pasta im Wasser kochen, abgießen, Nudeln auf Teller „parken“, Soße erhitzen, Pasta wieder in den Topf – fertig! Bei Wohnmobilen mit Backofen bieten sich auch Pizza und Fertiggerichte als schnelle Notlösung an.

Der Kühlschrank läuft autark mit Gas bzw. Strom. Bei Fehlermeldungen einfach aus- und wieder einschalten – meist ist das Problem dann schon gelöst. Andernfalls helfen die Bedienungsanleitung (manchmal auch in Deutsch verfügbar) oder andere Camper weiter.

Wichtig: Auf manchen Campingplätzen – etwa im Yosemite und im Great Dunes National Park – finden sich abschließbare Container bzw. Regale an jedem Stellplatz, die Food locker. Hier können Lebensmittel bärensicher gelagert werden. Wer mit einem Wohnmobil unterwegs ist, muss diese meist nicht benutzen. Sie sind in erster für Urlauber im Zelt gedacht, um diese vor Angriffen von Bären zu schützen. Am besten die Regeln vor Ort beachten bzw. Ranger oder Mitarbeiter des Campgrounds befragen. Denn Bären werden vom Duft der Lebensmittel angelockt, können bei der Suche das Camp verwüsten und vor allem Menschen angreifen, wenn sie sich bedroht fühlen.

Schilder weisen darauf daraufhin, ...

... wenn Lebensmittel bärensicher gelagert werden müssen.

Der tägliche Abwasch muss übrigens nicht zwangsläufig im Wohnmobil stattfin-

Spülen mit Aussicht im Death Valley National Park

den. Auf vielen Campingplätzen gibt es dafür extra Spülbecken – im Death Valley sogar mit Panoramablick!

7.4 BBQ und offenes Feuer

Ein knisterndes Feuer oder frisches Fleisch und Gemüse vom Grill: Gerade dieses Klischee prägt wohl den Traum vieler von einem Wohnmobiltrip.

Abendliches Feuer

Aber Achtung: Offenes individuelles Feuer ist meist verboten, um Waldbränden vorzubeugen. Viele Stellplätze verfügen aber über speziell angelegte und gut markierte Feuerstellen, den sogenannten „Fire ring". Hier dürfen Camper ihr Lagerfeuer anzünden, sofern nicht ein genereller „Fire ban" gilt. Auf dem „Fire ring" besteht zumeist auch die Möglichkeit, mitgebrachte Lebensmittel zu grillen. Feuerholz ist meist vor Ort für kleines Geld erhältlich – entweder an der Rezeption oder der nächsten Tankstelle. Oder es liegt frei auf der Anlage, dann ist das Geld selbstständig (und ehrlich) in eine Box zu werfen. Bitte keine Bäume fällen oder Äste abbrechen. Und: Kein Holz aus anderen Regionen mitbringen, um die Verbreitung von Schädlingen zu vermeiden.

Warntafel zur Feuergefahr

Wer hingegen unabhängig sein möchte, kauft sich einen kleinen Grill, beispielsweise mit Holzkohle. Dann können Urlauber quasi überall ein köstliches BBQ zubereiten, sofern es nicht aufgrund von Wetter oder Waldbrandgefahr verboten ist.

7.5 Toilette und Dusche

Je nach Größe des Wohnmobils ist auch eine Nasszelle an Bord. Bei den größeren Modellen sogar mit separater Dusche, um das kleine Badezimmer bei Benutzung nicht komplett unter Wasser zu setzen. Mit Blick auf die begrenzte Wasserkapazität sollte der Gang unter die Brause möglichst kurz ausfallen und der Wasserhahn stets schnell wieder zugedreht werden. **Wichtig bei Benutzung der Toilette:** nur einlagiges Toiletenpapier sowie die notwendigen Chemikalien verwenden (siehe Kapitel 5.3, Aufbauen und Anschließen). Überdies verfügen manche Wohnmobile über eine zusätzliche Außendusche.

Blick ins Badezimmer

7.6 Strom und Generator

Ans Stromnetz (falls vorhanden, meist nicht in National und State Parks) ist das Wohnmobil schnell angeschlossen.

Einfach nur das lange Stromkabel in den Stromkasten am Stellplatz mit der entsprechenden äußeren Steckdose an der Fahrzeugwand (auf der Fahrerseite) verbinden. Daher sollte dies stets genutzt werden, damit über die Steckdosen in der Wohnkabine Kameras, Laptops und Co. geladen werden können. Auch Klimaanlage und Mikrowelle funktionieren nur bei Strom. Zudem wird dann die bordeigene Zweitbatterie für die Wohnkabine geladen. Der Kühlschrank benötigt nicht zwingend Strom.

Größere Wohnmobile – meist ab C19 – sind oft mit gesonderten Generatoren ausgestattet, angetrieben mit Benzin. Diese können ebenfalls Strom produzieren. Je nach Mietvertrag wird die Nutzung stunden- oder tageweise abgerechnet, bei sogenannten Komfort- oder All-Inclusive-Paketen ist der Gebrauch zuweilen inbegriffen. Auf den meisten Campingplätzen dürfen die Aggregate aus Gründen des Lärmschutzes nicht in der Mittagszeit und nicht während der Nachtruhe betrieben werden.

Stromgenerator

Je nach Bauweise des Fahrzeugs muss möglicherweise der Generator per Stromkabel mit dem äußeren Stromanschluss (wo sonst das Stromkabel zum Stromkasten steckt) verbunden werden – bei manchen Fahrzeugen ist dies mittlerweile nicht mehr notwendig. Wichtig: Vor dem Starten des Generators darauf achten, dass alle entsprechend betriebenen Geräte – insbesondere die Klimaanlage – ausgeschaltet sind. Sonst droht ein Versagen. Der Generator wird über einen Schalter am Panel im Innenraum oder am Generator gestartet, einfach etwa zehn Sekunden drücken. Falls er nicht anspringt, nach einer Pause ein zweites Mal probieren. Hilft auch das nicht, kann bei manchen Modellen über einen gesonderten Schalter der Generator „per Benzin" gestartet werden. Technische Geräte am Bordnetz wie Klimaanlage oder Mikrowelle sollten erst nach einer Wartezeit von zwei bis drei Minuten in Gang gesetzt werden. Hinweis: Der Generator läuft nur, wenn der Benzintank zu mindestens einem Viertel gefüllt ist. Damit wird verhindert, dass Urlauber mit Spritmangel unterwegs stranden.

7.7 Wasserversorgung und Dump station

Vor allem die größeren Wohnmobile verfügen über drei Wassersysteme: Frischwasser, Grauwasser (aus Küche und Dusche) sowie Schwarzwasser (falls eine Toilette an Bord vorhanden). Am Bedienpanel in der Wohnkabine lässt sich der jeweilige Füllstand ablesen.

Für das Frischwasser liegt ein eigener Schlauch bei. Einfach am Wasserhahn des Campingplatzes anschließen, in den Einfüllstutzen des Fahrzeuges hängen – und Wasser marsch. Aber bitte darauf achten, ob es sich um Trinkwasser („Fresh water") handelt! Bei den Wasseranschlüssen an den Stellplätzen ist dies meist problemlos möglich, an den Dump stations und manchen Tankstellen nicht. Schilder geben Auskunft. Der Wassertank reicht im Regelfall für zwei bis drei Tage – abhängig vor allem davon, wie oft und intensiv die bordeigene Dusche genutzt wird.

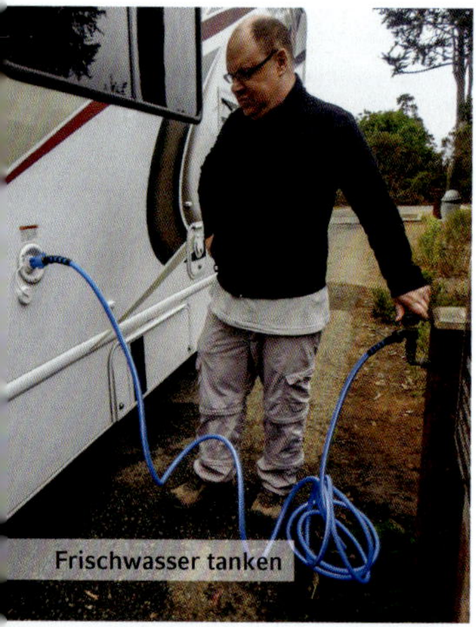
Frischwasser tanken

Sauberes Wasser ist auf vielen Campingplätzen erhältlich.

Im Grauwassertank wird das Wasser aus Küchenspüle sowie Waschbecken und Dusche gesammelt. Für die Toilette steht ein gesonderter Schwarzwassertank bereit. In beiden Abwassertanks reichen die Kapazitäten ebenfalls meist für zwei bis drei Tage. Dennoch sollte hier der Füllstand am besten morgens und abends kontrolliert werden. Bei einem Überlaufen wird sonst die Nasszelle unter Wasser gesetzt.

Dump station des Watchman Campground im Zion National Park (Utah)

Das Entleeren der beiden Abwassertanks ist zwar kein Vergnügen. Aber es gestaltet sich einfacher und sauberer, als es viele erwarten. Am besten nutzt man dazu die Gummi- bzw. Arbeitshandschuhe, die der Verleiher mitgeliefert oder man selbst beim ersten Großeinkauf erworben hat. Das Entsorgen erfolgt im Regelfall an der Dump station am Rande des Campingplatzes. Besonders komfortabel ausgestattete Campingplätze verfügen auch an jedem Stellplatz über eine solche Entsorgungsstelle: Wer mehrere Tage am gleichen Ort stehen bleibt, kann dann Frischwasser- und Abwasserschlauch sogar dauerhaft installieren.

Wer nicht auf dem Camingplatz übernachtet, muss für die Abwasserentsorgung bezahlen.

Beim Dumpen selbst wird zunächst der breite Abwasserschlauch am Fahrzeug angeschlossen (an der Unterseite des RV, auf der Fahrerseite). Das andere Ende wird entweder in die Entsorgungsstelle gehangen oder fest verdreht – beide Varianten sind möglich. Dann wird zunächst im ersten Schritt der

Anschluss für Abwasserschlauch ...

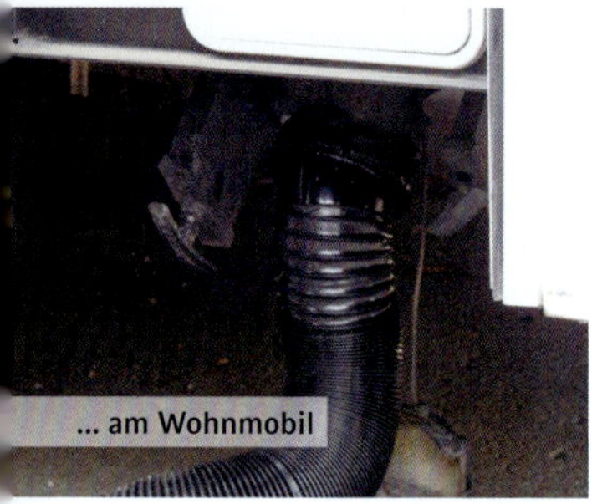

... am Wohnmobil

Schwarzwassertank entleert – durch Aufdrehen des entsprechenden Ventils. Im zweiten Schritt wird der Grauwassertank geleert, mit einem separaten Ventil. Dies erfolgt durch den gleichen Schlauch, damit das Grauwaser mögliche Reste des Schwarzwassers wegspült. Im Anschluss sollte bei geöffneten Ventilen noch Wasser per Eimer nachgespült werden. Zuweilen liegen an den Dump stations Schläuche bereit, um den Abwasserschlauch durchzuspülen.

Nach dem Entleeren in jedem Fall daran denken, die Ventile wieder zu schließen! Sonst läuft danach das Abwasser ungehindert hinaus – auf dem Campingplatz oder während der Fahrt. Zudem muss die Toilette wieder mit den entsprechenden Chemikalien versorgt werden – diese wurden ja ebenfalls ausgespült.

Beim ersten Mal ist das Dumpen noch ungewohnt – beim zweiten Mal nach einigen Tagen hingegen schon Routine.

7.8 Heizung und Klimaanlage

Viele RVs verfügen in der Wohnkabine über Klimaanlage (Airconditon, AC) und Heizung. Die AC lässt sich meist wie in einem Hotel bedienen – läuft aber nur, wenn das Fahrzeug ans externe Stromnetz oder einen Generator angeschlossen ist. Die Heizung arbeitet mit Gas, ist also im Regelfall immer nutzbar. Sie muss explizit eingeschaltet werden, ehe die Temperatur eingestellt wird. Wichtig: Die Heizung beansprucht auch die sogenannte Zweit- oder Hilfsbatterie. Vor längerer Benutzung sollte ggf. der Motor laufen, um die Batterie zu laden.

7.9 Gas

Ein Teil des Equipments wird mit Gas betrieben: Herd und Backofen, Heizung und Warmwasser sowie teilweise der Kühlschrank. Im Regelfall reicht der Gastank für einen kompletten Urlaub, sofern die Heizung nicht ununterbrochen nachts läuft. Das Gas wird nicht in Flaschen, sondern in einem separaten Tank gelagert. Je nach Anbieter und Preismodell ist eine Füllung im Mietpreis inklusive oder kann pauschal dazu gekauft werden, was meist bequemer und schneller als nach Nachfüllen auf einem Campingplatz oder einer Tankstelle ist.

7.10 Wäsche waschen

Gerade auf privat betriebenen Campingplätzen sind Waschmaschinen und Trockner vorhanden. Bei National und State Parks ist dies meist nicht der Fall. Ausnahmen sind beispielsweise die populären Nationalparks Bryce Canyon (North Campground). Grand Canyon (Mather Campground) und Yellowstone (Campgrounds Canyon, Fishing Bridge und Grant) sowie der Kodachrome Basin State Park.

Automat für Waschmittel

Die Kosten belaufen sich meist auf zwei bis vier US-Dollar je Ladung Waschmaschine bzw. Trockner. Bezahlt wird meist mit Quarters (0,25 US-Dollar). Waschpulver kostet extra und ist vor Ort in Automaten (ebenfalls nur gegen Quarters) oder im Shop erhältlich.

7.11 Camping genießen

Natürlich möchte man auf einem Roadtrip möglichst viele Orte sehen, die Auswahl an Attraktionen und Nationalparks ist übergroß. Und nicht selten verfolgt einen das Gefühl: „Wer weiß, wann ich hier wieder herkommen kann?" Daher neigen viele Reisende, ob mit Wohnmobil oder Mietwagen, dazu, zu viele Stopps und Aktivitäten

Relaxen auf dem Campingplatz

in ihre Tour zu integrieren. Doch Camping ist mehr als eine Art des Reisens und Übernachtens – steht es doch auch, oder gerade, für ein besonderes Lebensgefühl. Daher gilt: Weniger ist mehr. Auch mal mehr als eine Nacht auf dem gleichen Campingplatz bleiben oder auch schon mittags ankommen und die Natur und Ruhe rund um den Stellplatz genießen. Wer nicht jeden Tag abbauen, fahren und wieder aufbauen muss, hat wahrlich mehr von seinem Roadtrip.

Noch ein Tipp: In vielen Nationalparks bieten die Ranger kostenlose Aktivitäten an. Es lohnt, den Vorträgen zu lauschen oder sich den Wanderungen anzuschließen!

7.12 Camping-Etikette

Auch auf einem Campingplatz gelten Regeln – geschriebene wie ungeschriebene. Damit es harmonisch bleibt, sollte jeder das Folgende beherzigen.

Platzregeln lesen und beachten

Auf jedem Campingplatz gelten individuelle Richtlinien, beispielsweise für die Ruhezeit. Diese sind meist auf Tafeln angeschlagen oder als Faltblatt erhältlich. Im Interesse aller sollten diese wahrgenommen und akzeptiert werden. Und respektvolles Verhalten gegenüber den Mitarbeitern sowie den übrigen Campern versteht sich von selbst.

Langsam fahren

Auf der Anlage gilt Schrittgeschwindigkeit: Zuweilen sind die Wege zur Stellfläche eng und unübersichtlich. Zudem ist stets mit spielenden Kindern zu rechnen.

Vorsicht Kinder – langsam fahren!

Richtig parken

Um die Privatsphäre aller Gäste zu wahren, ist meist vorgegeben, wie jeder Camper zu stehen hat. So soll beispielsweise vermieden werden, dass zwei Wohnmobile direkt nebeneinander stehen. Die Parkrichtung ist meist auch daran zu erkennen, wie die fest verankerten Picknicktische und -bänke ausgerichtet sind (sofern vorhanden). Überdies ist es verpönt, beim Gang über den Campingplatz durch das „Reich" der Nachbarn zu laufen – beispielsweise bei Dritten zwischen Picknicktisch und Wohnmobil hindurch zu „latschen".

Stellplatz sauber halten und Müll richtig entsorgen

Jeder Campingplatz verfügt über entsprechende Müllcontainer. Vielfach kann der Abfall sogar getrennt werden (nach Plastik, Restmüll etc.). Im Sinne des Naturschutzes sollte sich jeder daran halten und nicht seinen Müll unsortiert entsorgen.

Wichtig: In Regionen, in den Bären heimisch sind (etwa in den Nationalparks Yosemite und Yellowstone) stehen spezielle bärensichere Container: Sie verfügen über einen Entriegelungsschutz, damit die Bären sich nicht im Müll bedienen können. Daher bitte darauf achten, dass diese Behälter ordnungsgemäß verschlossen werden. Auch auf dem Stellplatz sollte kein Abfall oder ähnliches hinterlassen werden. Zudem gilt: Tiere wie Rehe oder Bären dürfen nicht gefüttert werden (wie natürlich auch sonst nicht).

Richtig Feuer machen
Aus Sicherheitsgründen müssen die örtlichen Vorgaben für Lagerfeuer und BBQ eingehalten werden. Dies ist meist nur an vorgegebenen Stellen gestattet, sofern nicht ohnehin ein „Fire ban" gilt. Natürlich sollte darauf geachtet werden, dass das Feuer vor dem abendlichen Schlafengehen oder der morgendlichen Weiterfahrt komplett erloschen ist.

Ruhezeiten respektieren
Auf jeder Anlage gelten ausgewiesene Ruhezeiten, meist mittags sowie zur Nacht. In dieser Zeit sollte auf laute Gespräche, die Benutzung des Stromgenerators sowie sonstigen Lärm verzichtet werden.

7.13 Weiterfahrt

Bevor es vom Stellplatz zurück auf die Straße geht, sollte der Tag geplant und muss das Wohnmobil reisefertig gemacht werden. Am besten teilen sich die Reisenden die Arbeit auf, damit eine gewisse Routine entsteht und Missgeschicke möglichst unterbleiben. Der Nachwuchs kann hier und da mithelfen.

Checkliste Außenbereiche:

- Alle Wasserschläuche demontiert und sicher verstaut?
- Stromkabel abgenommen und verpackt? (Selbst erfahrene Camper haben das schon vergessen, beim Anfahren das Kabel aus dem Stromkasten gerissen und dieses auf dem Highway noch hinter sich hergezogen.)
- Generator ausgeschaltet?
- Markise eingefahren und gesichert?
- Equipment in den Staukästen gelagert und diese verschlossen?
- Stellplatz sauber und aufgeräumt? Müll entsorgt?
- Falls vorhanden: am Stellplatz den Zettel mit der eigenen Reservierung entfernt?

Wie geht's weiter? Roadtrip planen!

Checkliste Innenraum:

- Slide-Out eingefahren (falls vorhanden)?
- Eingangsstufe am Wohnmobil eingefahren?
- Herd, Ofen, Warmwasserboiler und Wasserpumpe ausgeschaltet?
- Alle Gegenstände verstaut sowie Kühlschrank, Schranktüren und Schubladen gesichert?
- Licht ausgeschaltet, Fenster geschlossen?
- Wohnraumtür zugesperrt?

8. On the Road

Unterwegs auf dem Highway 1 in Kalifornien (nahe Big Sur)

8. On the Road

Mit dem rollenden Ferienheim unterwegs auf Amerikas Straßen – einfacher als gedacht. Die Straßen sind meist ordentlich breit und andere Autofahrer gerade außerhalb der Großstädte meist sehr gelassen unterwegs. Also Fahrspaß pur mit dem Wohnmobil. Dennoch gilt es einiges zu beachten, damit die Urlaubsfreude nicht leidet.

8.1 Fahrtipps

So ein Koloss von Fahrzeug fährt sich natürlich anders als der heimische Pkw. Die Beschleunigung ist langsamer, das Wohnmobil windanfälliger und vor allem der Bremsweg deutlich länger! Das merken Fahrer schnell auf den ersten Meilen nach dem Start im Depot des Verleihers (siehe Kapitel 4, Die ersten Meter). An weitere Herausforderungen beim Roadtrip gewöhnt man sich schnell. Oberste Devise ist indes: Besser einmal mehr anhalten und eine Pause machen bzw. Rat einholen als zu wenig! Stress und Hektik führen erst recht zu Fehlern – oder verschlimmern gar ein Malheur.

Kurze Fahrstrecken einplanen

Gerade bei den ersten Reisen versuchen Urlauber verständlicherweise, möglichst viel zu sehen und viele Attraktionen und Städte anzusteuern. Doch gerade mit dem Wohnmobil gilt: Weniger ist mehr! Mit dem RV reist es sich per se langsamer als mit dem Auto. Faustformel: im Durchschnitt nicht mehr als 200 Meilen pro Tag – selbst das bedeutet meist vier Stunden on the road!

Immer auf die Höhe achten!

Auf die Fahrzeuggröße und -länge achten

Viele Beschädigungen resultieren daraus, dass Fahrer die Maße des Wohnmobils unterschätzen. Beim Rangieren in engen Parklücken oder auf Campingplätzen sollte der Beifahrer als Einweiser agieren – auch wenn manche Fahrzeuge mittlerweile mit einer Rückfahrkamera ausgestattet sind.

Und vor allem immer auf die Höhe (Clearance) achten! Überdachte Flächen – beispielsweise vor allem an Tankstellen – bergen eine große Kollisionsgefahr. Dellen an Front, Heck und Dach lassen sich meist leicht verhindern, wenn vier Augen Ausschau halten.

Zudem sollten Fahrer darauf achten, dass in manchen Regionen – vor allem in Nationalparks – manche Straßen für längere Fahrzeuge gesperrt sind. Dies gilt beispielsweise im Death Valley.

Achtung Wildwechsel!

Besonders in ländlichen Gebieten und in naturbelassenen Regionen wie den National und State Parks müssen Autofahrer stets mit Tieren auf der Straße rechnen – tagsüber und vor allem in der morgendlichen bzw. abendlichen Dämmerung sowie nachts. Wer tatsächlich dann schon oder noch unterwegs ist, sollte besonders aufmerksam und ggf. deutlich langsamer fahren. Gerade Rehe oder Elche sind meist schnell unterwegs, Bisons und Bären hingegen langsamer – blockieren durchaus aber auch länger die Fahrbahn. Ein Zusammenstoß kann fatale Folgen haben, da die Knautschzone begrenzt ist. Und vor allem gilt die alte Regel aus der Fahrschule: Niemals ausweichen! Ein Crash in den Straßengraben oder gegen andere Autos wäre nochmals wesentlich schlimmer, als wenn das Tier getroffen wird.

Vorsicht Tiere: Bisons im Yellowstone National Park

Fahren in der Dunkelheit

Nicht nur Tiere sind im Dunklen deutlich schlechter zu erkennen, auch andere Autofahrer oder Hindernisse werden möglicherweise nicht gut wahrgenommen – gerade in schlecht oder gar unbeleuchteten Gegenden. Nach Möglichkeit verzichten Urlauber auf Fahrten im Dunklen – von vielbefahrenen Interstates sowie kurzen Distanzen abgesehen. Aber, selbst auf einem Stück wie vom Aussichtspunkt Bright Angel Point am Grand Canyon North Rim zum 30 Minuten (20 Meilen) entfernten Demotte Campground müssen Reisende mit vorbei huschenden Rehen rechnen.

Vorsicht bei Starkregen und Schnee

Bei schlechter Witterung mit Regen, Schnee und verminderter Sicht sollten Camper noch mehr Vorsicht walten lassen als ohnehin. Aquaplaning ist schon mit einem Auto tückisch, bei einem Wohnmobil kann es richtig gefährlich werden. In diesen Fällen sollte zunächst unbedingt der Sicherheitsabstand erhöht und die Geschwindigkeit reduziert werden. Unter Umständen muss sogar die Fahrt unterbrochen werden. Und wer sich unsicher fühlt, sollte ohnehin umgehend anhalten. **Hinweis:** Auch wer im Winter ein Wohnmobil anmietet, muss im Regelfall auf Winterreifen verzichten. Meist sind Allwetterreifen montiert. Und die Benutzung von Schneeketten, zuweilen sogar auf der vielbefahrenen Interstate 70 quer durch Colorado vorgeschrieben, ist vom Vermieter im Regelfall verboten.

Überholen und Kolonnen

Gerade beim Überholen abseits mehrspuriger Straßen ist mit dem Wohnmobil besondere Aufmerksamkeit geboten! Durch die langsamere Beschleunigung dauern Überholvorgänge deutlich länger als mit einem Pkw. Daher ist ausreicht Platz bzw. Zeit einzuplanen, um nicht dem Gegenverkehr in die Quere zu kommen sowie nicht sich oder andere zu gefährden.

Umgekehrt kann gerade auf Steigungen oder engen, kurvenreichen Landstraßen das eigene Wohnmobil schnell zum Verkehrshindernis werden. Denn häufig sind andere Autos dann schneller unterwegs als man selbst. Wer also beim Blick in den Außenspiegel hinter sich eine Kolonne sieht, fährt bei der nächstbesten Möglichkeit rechts heran und lässt die schnelleren Fahrzeuge passieren. Zuweilen gibt es spezielle Haltebuchten für solche Fälle. So lassen sich riskante Überholmanöver verhindern.

8.2 Tanken

Angesichts des hohen Verbrauchs und der gestiegenen Spritpreise macht Tanken natürlich keinen Spaß. Dennoch sollten Reisende darauf achten, stets genug Benzin im Tank zu haben. Doch vor dem Griff zu Zapfpistole muss der Gas-Regler zugedreht und der Kühlschrank von Gas auf Batterie umgestellt werden. Ansonsten droht Explosionsgefahr! Und bei der Fahrt zur Zapfsäule immer an die Höhe der Überdachung denken ...

Und wer das erste Mal in Amerika tanken will, wird schnell eine Eigenart kennenlernen: In den USA wird zuerst bezahlt, dann getankt – anders als bei uns. Am einfachsten bezahlt man mit Kreditkarte direkt an der Säule. Karte hineinstecken, PIN eingeben, Spritsorte auswählen und Zapfpistole einstecken – und schon geht die Fahrt weiter. Falls die Kreditkarte nicht akzeptiert wird, müssen Fahrer oder Beifahrer in die Station hineingehen und per Kreditkarte einen Betrag autorisieren. Erst dann lässt sich die Betankung starten. Anschließend holt man sich idealerweise noch einen Beleg. **Wichtig:** An manch alten Tankstellen muss die Kreditkarte als solches beim Kassierer hinterlegt werden. Doch diese Fälle werden immer seltener.

8.3 Regelmäßige Checks

Wie auch beim eigenen Auto sollten Wohnmobilurlauber während der Fahrt alle Warnanzeigen im Blick haben. Dies gilt besonders für die Motor- bzw. Kühlwassertemperatur sowie die Ölstandanzeige. Möglicherweise wird während des Roadtrips ein Ölwechsel fällig (Kosten übernimmt der Vermieter). Überdies empfiehlt es sich, alle paar Tage einmal die Motorhaube zu öffnen und per Messstab den Ölstand zu prüfen. Den Reifendruck im Blick zu haben, versteht sich ohnehin von selbst.

Ölstand regelmäßig kontrollieren!

Auch das Kontrollpanel für Wasserstand, Gastank und zweite Batterie sollte täglich kontrolliert werden, idealerweise morgens oder abends.

8.4 Pannen, Werkstätten, Roadside-Assistance

Bei technischen Problemen jedweder Art sollte als erstes der Vermieter über die entsprechende Hotline informiert werden. Mit der sogenannten Roadside Assistance lässt sich das weitere Vorgehen klären. Oftmals gibt es feste Werkstattpartner. Auch die Art der Bezahlung kann dann besprochen werden – also ob die Werkstatt direkt mit dem Vermieter abrechnet oder zunächst der Mieter die Rechnung begleichen muss. Reine Kosten für die Instandhaltung, beispielsweise für einen fälligen Ölwechsel und bis maximal rund 50 US-Dollar, werden meist problemlos vom Vermieter erstattet. Einfach Beleg aufheben und bei der Rückgabe vorlegen!

Generell gilt: Bei allen Fragen und Problemen immer anhalten, Ruhe bewahren und die Roadside Assistance kontaktieren! Wenn es sich nicht um gravierende technische Probleme handelt, dürfte sich schnell eine Lösung finden.

8.5 Mautstraßen

Grundsätzlich fällt in den USA keine Maut an. Allerdings gibt es gerade in Kalifornien sowie an der Ostküste einzelne sogenannte Toll roads oder Turnpikes. Diese lassen sich jedoch meist umfahren, wenngleich die Reise dann möglicherweise länger dauert. Bei Routenplanern wie GoogleMaps und Navigationsgeräten lässt sich meist einstellen, ob Mautstraßen umfahren werden sollen. Allerdings gibt es im ganzen Land immer mal wieder kostenpflichtige Straßen. Dazu zählt beispielsweise der 17-Mile-Drive in Carmel-by-the-Sea südlich von San Francisco. Hier muss jeder selbst entscheiden, ob ihm die entsprechende Straße oder Attraktion das Geld wert ist. Auch manche Brücken wie die Golden Gate Bridge sind kostenpflichtig – in diesem Fall aber nur stadteinwärts. Und: Auf dem Wahrzeichen von San Francisco stehen übrigens keine Mautstationen mehr – die Bezahlung erfolgt online.

Tipp: Straßen in Nationalparks werden von Navigationsgeräten und -apps ebenfalls oftmals als kostenpflichtig angezeigt. Damit ist aber „nur" die fällige Eintrittsgebühr gemeint!

8.6 Baustellen und Streckensperrungen

Wie überall auf der Welt müssen Reisende natürlich auch mit Baustellen rechnen. Hierbei ist noch mehr als ohnehin üblich darauf zu achten, dass das (verminderte) Tempolimit eingehalten wird. Im Bereich von Baustellen droht bei Geschwindigkeitsübertretungen oftmals ein doppelt so hohes Bußgeld! Schilder weisen darauf hin. Falls auf Highways für beide Fahrtrichtungen nur noch ein gemeinsamer Fahrtstreifen zur Verfügung steht, regeln wie in Deutschland Ampeln den Verkehr. Zuweilen fährt auch noch ein Baustellenfahrzeug voraus (ergänzend zur grünen Ampel). Diese werden als „Pilot Car" bezeichnet und können auch mit einem „Follow me"-Schild ausgestattet werden.

Vorsichtig fahren: Baustelle im Badlands National Park

Dass Straßen gar nicht mehr befahren können, resultiert oftmals aus Schäden nach Unwettern. So waren 2022 beispielsweise mehrere Straßen in den Nationalparks Death Valley und Yellowstone nach Starkregen und Überflutungen nicht mehr passierbar. Solche Streckensperrungen sind meist gut markiert und Umleitungen ausgeschildert. In Online-Diensten wie GoogleMaps oder Apples „Karten"-App sind sie teilweise berücksichtigt.

8.7 Verhalten bei Unfällen

Auch wer stets vorsichtig und defensiv fährt, ist vor Unfällen nicht gefeit. In jedem Fall gilt: **Ruhe bewahren und unbedingt die Polizei informieren.** Das verlangen auch die Vermietgesellschaften. Diese sind ebenfalls innerhalb von 24 Stunden zu kontaktieren. Gemeinsam wird dann das weitere Vorgehen besprochen. Zudem muss in jedem Fall ein Unfallbericht ausgefüllt werden.

9. Campingplatz finden

Ein Traum von Campingplatz: Refugio State Beach bei Santa Barbara in Kalifornien

9. CAMPINGPLATZ FINDEN

Wer nicht für jede Nacht im Vorhinein einen Stellplatz gebucht hat, muss unterwegs nach geeigneten Übernachtungsplätzen Ausschau halten. Gerade in der Hauptreisezeit zwischen Memorial Day (Ende Mai) und Labor Day (Anfang September), an Wochenenden sowie an den touristischen Hotspots wie den Nationalparks Yosemite und Yellowstone kann sich die Suche jedoch als zeitraubend erweisen. Daher empfiehlt es sich, je nach Reisezeit und Route tendenziell möglichst viele Sites vorab zu buchen. Reisende mit längeren Aufenthalten, beispielsweise von sechs oder mehr Wochen (maximale Länge für die Einreise mit ESTA: drei Monate) sind natürlich flexibler und brauchen wohl deutlich weniger Nächte im Vorfeld zu buchen. **Tipp:** Nach Möglichkeit nicht erst morgens für den gleichen Tag planen, sondern bessern schon am Vorabend oder sogar zwei, drei Tage im Voraus!

9.1 Arten und Kosten von Campingplätzen

Reservierter Stellplatz

Prinzipiell lassen sich drei Arten unterscheiden (siehe auch ausführlich Kapitel 1.4 Wo übernachten? Arten von Campingplätzen):
Staatliche Anlagen, vor allem in National und State Parks, sind meistens schön in der Natur, nahe der Attraktionen gelegen und zudem meist preiswert – und daher entsprechend nachgefragt. Diese Plätze lassen sich teilweise reservieren, sind aber meist schnell ausgebucht. Insbesondere die begehrten Plätze im Yosemite National Park sind oft innerhalb weniger Minuten nach der Buchungsfreigabe (einige Monate vor dem gewünschten Reisetermin) schnell vergeben. Wer vorab reserviert hat, findet auf der Anlage an der entsprechenden Site einen Notizzettel mit seinem Namen (an einem Pfosten hängend). Überdies gibt es aber auch Anlagen nach dem First-come, First-served-Prinzip: Wer morgens früh genug vor Ort ist, kann sich noch Hoffnung auf einen Stellplatz machen. Erfolgswahrscheinlichkeit:

unterschiedlich. Reisende, die einen solchen Stellplatz ergattern, müssen jetzt natürlich nicht den restlichen Tag hier verbringen: Im Regelfall werden dann Campingstühle als Zeichen einer Reservierung aufgestellt.

Belegter Stellplatz

Privat betriebene Campingplätze sind im Regelfall deutlich teurer als staatliche Anlagen, bieten dafür jedoch meist deutlich mehr Komfort. Landesweit finden sich mehr als 500 Plätze der Marke KOA. Hinzu kommen ungezählte weitere größere und kleinere Anbieter. Gerade in touristisch gut erschlossenen Regionen gibt es meist sogar mehrere unterschiedliche Anbieter. Doch auch diese Plätze sind teils stark nachgefragt, sodass Spontanbuchungen schwierig sein könnten.

Wildcampen – also freies Stehen, in den USA auch bekannt als Boondocking oder Dispersed camping – ist zwar nicht generell verboten, aber vielerorts nicht erlaubt. In Städten und Siedlungen ist es meist nicht gestattet und ohnehin nicht gern gesehen, in National und State Parks ist Wild Camping generell verboten. Auf dem sogenannten BLM-Land (Bureau of Land Management) und in National Forests können Urlauber hingegen oft ihr Wohnmobil für eine Nacht abstellen. Die örtlichen Regelungen wie etwa der Mindestabstand zu Seen und Bächen sowie privaten Grundstücken sind unbedingt einzuhalten. Anders als früher gibt es für eine Übernachtung auf den Parkplätzen der Supermarktkette Walmart nicht mehr einen Freifahrtschein. Manche Filialen erlauben es, andere nicht. Hingegen wird mittlerweile in Internetforen und Facebookgruppen oftmals die Fastfood-Kette Cracker Barrel empfohlen, um kostenlos auf deren Parkplätzen über Nacht stehen zu bleiben. Generell gilt: Auf Stellflächen von Geschäften, Tankstellen und Truck Stopps sollte sicherheitshalber der örtliche Manager oder Filialleiter gefragt werden – wenn es nicht ohnehin verboten und durch große Schilder angeschlagen ist. Auf den Rest areas entlang der Highways und Interstates sind Camping bzw. Übernachten meist nicht gestattet.

9.2 Campingplatz finden: Apps und Websites

Name	Funktion	Website	iOS	Android
Allstays Camp and RV	Listet mehr als 29.000 Campingplätze auf	*allstays.com*	ja	ja
BoonDocking	Verzeichnis kostenloser Stellplätze	*boondocking.org*	ja	nein
Bureau of Land Management	Suche nach Stellplätzen auf BLM-Land	*blm.gov/visit/search*	nein	nein
Camp Where	Datenbank mit tausenden Campingplätzen	*campfone.info*	ja	nein
Campendium	Liste kostenpflichtiger und kostenfreier Stellplätze	*Campendium.com*	ja	ja
CampingRoad-Trip	Mehr als 19.000 Übernachtungsmöglichkeiten	*campingroadtrip.com*	ja	Ja
Forest Service	Campingplätze in den sog. National Forests	*fs.usda.gov*	nein	nein
FreeCampSites	Verzeichnis überwiegend kostenloser Stellplätze	*FreeCampSites.net*	nein	nein
iOverlander	Mehr als 6700 Stellplätze	*iOverlander.com*	ja	ja
KOA	Kette von mehr als 500 kommerziellen Anlagen in den USA und Kanada	*koa.com*	ja	ja

Name	**Funktion**	**Website**	**iOS**	**Android**
Recreation	Fokus auf Campingplätze in National und State Parks, zudem Buchung von Touren und Permits	*recreation.gov*	ja	nein
Reserve America	Übersicht zu staatlichen und privat betriebenen Campingplätzen	*reserveamerica.com*	ja	nein
Roadtrippers	Mehr als nur die Suche nach einem Stellplatz – komplette Routenplanung möglich	*roadtrippers.com*	ja	Ja
spot2nite	Verzeichnis von kommerziellen Campingplätzen, nur in den USA abrufbar im Appstore, ggf. Website nutzen	*spot2nite.com*	ja	ja
The Dyrt	Übersicht von Übernachtungsplätzen aller Art	*thedyrt.com*	ja	ja
WikiCamps	Eine der beliebtesten Apps, um Übernachtungsplätze zu finden, Offline-Nutzung möglich	*usa.wikicamps.co*	ja	ja
Woodall's RV & Camping Copilot	Übersicht zu mehr als 12.000 Campingplätzen	–	ja	nein

10. Rückgabe des Wohnmobils

Ende eines Roadtrips: Vermietstation von El Monte

10. Rückgabe des Wohnmobils

Irgendwann ist auch das größte Abenteuer vorbei, nach vielen hundert Meilen auf US-amerikanischen Straßen endet der Roadtrip schließlich wieder. Urlauber sind verpflichtet, ihr rollendes Eigenheim pünktlich und im ordnungsgemäßen Zustand zurückzugeben.

Im Regelfall muss das Wohnmobil vormittags wieder auf dem Hof des Vermieters abgestellt werden. Eine Rückgabe am Nachmittag ermöglichen nur die wenigsten Anbieter, und dann auch nur gegen einen erheblichen Aufpreis. Ohnehin sollten die Öffnungszeiten der Rückgabestation schon bei Planung und Buchung berücksichtigt werden. Denn viele Stationen sind an Wochenende nicht oder nur eingeschränkt, beispielsweise nur samstags, in Betrieb.

Mit Blick auf den Rückgabetermin empfiehlt es sich, die letzte Nacht im Camper auf einem Stellplatz in der Nähe des Vermieters zu verbringen. Denn wer morgens unerwartet lange mit Packen und Aufräumen beschäftigt ist oder im Stau steht, muss bei verspäteter Rückgabe mit zusätzlichen Kosten rechnen – beispielsweise 25 US-Dollar pro Stunde oder mehr.

Aufräumen ist Pflicht!

Für die Vorbereitung einer ordnungsgemäßen Rückgabe sollten Urlauber ein, zwei Stunden einplanen. Einerseits gilt es natürlich, die persönliche Habe wieder einzupacken. Andererseits muss das Fahrzeug im Innern gereinigt werden. So verlangen Vermieter beispielsweise, dass die Tische und andere Oberflächen abgewischt werden, das Geschirr komplett gespült und der Fußboden gefegt wird. Zudem gehört jegliche Ausstattung, etwa in der Küche, wieder an ihren angestammten Platz. Auch im Badezimmer sollte nichts zurückbleiben. Überdies müssen beide Abwassertanks komplett entleert werden – ein Verstoß kann schnell 150 US-Dollar Zusatzkosten verursachen. Tische, Stühle sowie weiteres Equipment müssen am richtigen Ort verstaut werden. Von außen muss das Fahrzeug nur dann gereinigt werden, wenn es so schmutzig ist, dass die Mitarbeiter der Verleihfirma mögliche Schäden übersehen würden. Alles ist allem ist das nicht sonderlich aufwendig, muss aber gemacht werden und kostet leider Zeit.

Wer keine Lust auf ein letztes Abendessen auf dem Campingplatz hat (vielleicht als Resteessen?), gönnt sich zum Abschluss und Entschädigung für Packen und Putzen einen Abstecher in ein nahes Restaurant. Die Vermietstationen finden sich fast ausnahmslos in Städten. Da die letzte Nacht idealerweise entsprechend nah verbracht wird, dürfte auch problemlos ein Mitfahrtdienst wie Uber verfügbar sein – falls sich kein adäquates Restaurant fußläufig zum Stellplatz findet.

Resteessen vor der Rückgabe

Am letzten Morgen schließlich muss das Bettzeug abgezogen und der Kühlschrank nach dem Frühstück endgültig leer sein. Und auf der Fahrt zum Vermieter nicht vergessen: vor der Abgabe noch ein letztes Mal eine Tankstelle ansteuern. Wohnmobile müssen mit vollem Benzin- bzw. Dieseltank zurückgegeben werden.

Die Rückgabe selbst gestaltet sich einfach und läuft meist schnell ab, sofern nicht zu viel Andrang herrscht. Die Zahl der gefahrenen

RVs müssen vollgetankt zurückgegeben werden.

Meilen und die Füllstände des Treibstofftanks sowie des Gastanks werden dokumentiert. Ebenso prüft ein Mitarbeiter, ob die beiden Abwassertanks geleert und das Fahrzeug im Innern gereinigt worden sind. Ein geliehenes Navigationsgerät ist jetzt abzugeben, Koffer oder Reisetaschen aus dem Fahrzeug zu räumen. Falls noch Lebensmittel oder Drogerieartikel übrig sind, können diese meist in einem Regal oder einer Kiste hinterlassen werden. Der nächste Mieter freut sich, wenn er Gewürze, Ketchup oder Toilettenpapier nicht kaufen muss – und die Umwelt wird auch geschont, wenn nicht unnötig Lebensmittel und ähnliches weggeworfen werden. Zuweilen wird das Wohnmobil nicht nur von außen auf Beschädigungen gecheckt, sondern auf der Hebebühne auch von unten. Wenn keine Verstöße gegen den Mietvertrag festgestellt werden, ist das Prozedere schnell erledigt. Wer einen umfänglichen Versicherungsschutz abgeschlossen hat, kann der Rückgabe ohnehin gelassen entgegensehen.

Im Büro erhält der Mieter schließlich noch eine Abschlussrechnung. Hierauf sollten alle noch fälligen Kosten (beispielsweise für gefahrene Meilen) dokumentiert sein ebenso wie Rückzahlung einer möglichen Kaution (sofern keine Schäden vorliegen). Am besten lässt sich der Urlauber noch schriftlich bestätigen, dass die

Rückgabe erfolgreich und ordnungsgemäß erfolgt ist. Falls Verkehrsverstöße (z. B. wegen falschen Parkens) vorliegen, sollte dies jetzt gemeldet werden – insbesondere dann, wenn noch eine Strafe zu zahlen ist und die Mietwagenfirma in die Abwicklung eingebunden ist. Sonst können drastische Verwaltungsgebühren anfallen – zusätzlich zur eigentlichen Strafe. Gut zu wissen: Gibt der Reisende das Fahrzeug früher als vereinbart zurück oder schöpft das gebuchte Meilenpaket nicht aus, erhält er kein Geld zurück!

Damit ist der Roadtrip leider zu Ende. Per Taxi oder Mitfahrdienst wie Uber oder Lyft geht es zum Flughafen – oder für einen Anschlussaufenthalt in ein Hotel.

Sorgfältige Kontrolle an der Station des Verleihers

Teil 2: Routen

Populäre Strecke: Highway 1 in Kalifornien

Teil 2: Routen

Einmal quer durchs ganze Land? Oder besser erst mal nur Florida? Oder lieber doch gleich zum Traumziel Yellowstone National Park? Reisende können in den USA unter mehr als 14.000 Campingplätzen auswählen. Zugleich warten in allen bedeutenden Städten – von Anchorage im Nordwesten bis Miami im Südosten – Wohnmobile auf Reisende. Urlauber stehen also vor der sprichwörtlichen „Qual der Wahl" für ihre „ideale" Route. Von zehn abwechslungsreichen Streckenempfehlungen können Sie sich auf den folgenden Seiten des zweiten Abschnittes inspirieren lassen. Ausflugstipps und wichtige Hinweise zur Reiseplanung sowie Empfehlungen zum Übernachten für jede Nacht ergänzen die Routenbeschreibungen.

Hinweise:

Alle Routen beginnen mit dem Abholen des Wohnmobils als Tag 1 – die Anreise in die USA muss indes mindestens eine Nacht zuvor erfolgen. Aus Versicherungsgründen ist eine Übernahme des RV am Tag der Anreise aus Übersee nicht gestattet. Manche Reisende präferieren aber auch zwei bis drei Nächte im Hotel, um sich zu akklimatisieren – statt nur einer Übernachtung, wie sie mindestens vorgeschrieben ist.

Camping im Joshua Tree National Park ist äußerst beliebt.

Red Bluff
Chico
Ukiah
Carson City
Ely
Lund
Sacramento
Hawthorne
NEVADA
Tonopah
San Francisco
Mammoth Lakes
USA
Bishop
Salinas
Fresno
Monterey
CALIFORNIA
Big Sur
Las Vegas
Morro Bay
Bakersfield
Santa Maria
Lompoc
Santa Barbara
Refugio State Beach
Oxnard
Los Angeles
Joshua Tree
National Park
Malibu
Santa Monica
San Diego
Mexicali
MEXICO
San Felipe
San Quintín
© Mapcreator.io | OSM.org | ©DLR | ©Airbus Defense and Space | ©Copernicus

Roadtrip 1: Große Freiheit am Highway 1 in Kalifornien

Der Pacific Coast Highway zwischen San Francisco und Los Angeles gehört zu den schönsten Straßen unseres Planeten. Die Panoramaroute am California Highway 1 ist vielleicht der Klassiker schlechthin für einen unvergesslichen Roadtrip. Wer Urlaub mit dem Wohnmobil nur mal austesten möchte, kann mit nur acht Tagen einige der Topattraktionen des Golden State erleben – von San Francisco via Joshua Tree National Park nach Los Angeles.

Tag 1: Start in San Francisco

Der Roadtrip beginnt außerhalb der Innenstadt. Die Verleiher haben ihre Stationen auf der anderen Seite der Bucht. Erstes Ziel: der 17 Mile Drive zwischen Monterey und Carmel-by-the-Sea. Die kostenpflichtige Panoramastraße mit wellenumtosten Stränden, Wildlife und Wäldern wirkt im Nachmittagslicht einfach am schönsten – daher bietet es sich ausnahmsweise an, gleich durchzustarten und den obligatorischen Großeinkauf auf den Abend oder den nächsten Morgen zu schieben. Die Seeluft und die sehenswerte Landschaft sind ein guter Einstieg in den Roadtrip. Anschließend lohnt ein Spaziergang durchs Örtchen Carmel-by-the-Sea. Für die erste Nacht im Wohnmobil geht es wieder 45 Minuten zurück gen Norden. Der

Bakers Beach in San Francisco

Am 17 Mile Drive: The Lone Cypress

Campingplatz in Moss Landing liegt ruhig im Hafen, nur unterbrochen vom Gebrüll der Seelöwen.

Extra-Tour: Statt direkt gen Highway 1 und Süden durchzustarten, lässt sich vorab ein mehrtägiger Abstecher ins Landesinnere zu den Nationalparks Yosemite und Sequoia in diese Route integrieren.

Tag 2: Auf nach Big Sur

Zum nächsten Sightseeing-Stopp ist es nicht weit: Monterey, bekannt für das imposante Aquarium sowie die Old Fisherman's Wharf mit Restaurants und Souvenir-Shops. Für das erste Mittagessen des Trips lädt der Ocean View Boulevard ein. Perfekt für ein sonniges Picknick mit Blick aufs Meer.

Vorbei am Monastery Beach führt der Highway nun immer parallel zum Meer. Und wer im Norden startet, genießt bei der Fahrt gen Süden stets den perfekten Blick nach rechts auf den Pazifik und findet meist schnell einen Parkplatz zum Fotografieren und Genießen. Allerdings lassen sich nicht alle Attraktionen ansteuern: Das Point Lobos State Reserve ist für Wohnmobile leider nicht zugänglich. Immerhin findet sich an der bekannten Rocky Creek Brigde ein Parkplatz. Beeindruckend erstrahlt das mächtige Bauwerk im war-

Blick Richtung Point Sur

men Nachmittagslicht. Nach weiteren Fotostopps ist das Tagesziel erreicht: der Campingplatz im Pfeiffer Big Sur State Park. Der Stellplatz liegt malerisch an einem kleinen Bach und geschützt unter Bäumen. Die vorhandene Feuerstelle animiert zu einem kleinen BBQ – Feuerholz ist glücklicherweise vor Ort erhältlich.

Tag 3: Königsetappe entlang der Traumküste

Der nächste Tag beginnt mit einem Frühstück unter freiem Himmel. Ringsum brechen viele Camper zu einer Wanderung auf – hier kann man gut auch länger verweilen, beispielsweise zwei Nächte. Alternativ heißt es: Der Weg ist das Ziel! Das Café Kevah bietet sich zum Lunch an, samt Panoramablick über die zerklüftete Küstenlinie.

Traumstraße für RVs

Über viele Kurven, Brücken und Aussichtspunkte führt der Highway nun weiter gen Süden. Diese Kilometer gelten zu Recht als der wohl schönste Abschnitt. Zu den beliebtesten Fotomotiven zählen die McWay Falls: Die Wasserfälle stürzen direkt in den Pazifik. Ein tierische Vergnügen erwartet Reisende indes am Elephant Seal Vista Point: Die Seelöwen lassen sich gut von der Promenade aus beobachten. Von dort aus sind es dann nur noch etwa 30 Minuten bis zum Caravanpark in Morro Bay, traumhaft direkt am Strand gelegen und mit Blick auf den markanten Morro Rock.

Tag 4: Strände und Sightseeing

Pismo Beach punktet mit einem gemütlichen Bummel durch die kleine Innenstadt. Dank bordeigener Küche ist das Mittagessen am Strand schnell auf den Campingtisch gezaubert.

Solvang

Nach viel Natur lohnt ein Abstecher nach Solvang, das als „Danish Capital of America" gilt. Der Ort präsentiert sich als bunter Stilmix mit Elementen aus Skandinavien und den Niederlanden. Ideal zum Stöbern und Gucken.

Nach dem Stadtbummel lockt wieder der Pazifik. Der Refugio State Beach erweist sich als echtes Camper-Paradies: weitläufige Stellplätze unter Palmen und nur wenige Meter zum Strand. Selbst im Oktober ist das Meer hier noch warm, sodass einem Bad im Pazifik nichts im Wege steht.

Refugio State Beach

Tag 5: Santa Barbara und Camping im Hinterland

Als vielleicht schönste Stadt Kaliforniens gilt das mondäne Santa Barbara. Die Mission Santa Barbara – eine von insgesamt sieben Missionskirchen in Kalifornien – sollte sich niemand entgehen lassen. Nach einer Besichtigung lässt man am besten hier das Wohnmobil stehen und erkundet den Ort zu Fuß, beispielsweise die pittoreske State Street und die Stearns Wharf.

Missionskirche in Santa Barbara

Der örtliche Campingplatz liegt direkt an der Schnellstraße. Daher steuern Urlauber besser einen Stellplatz auf einer Farm im Hinterland an und lassen sich vom Sonnenuntergang über den umliegenden Hügeln beeindrucken. Dank des großen Freizeitangebots lässt sich auch hier mehr als nur eine Nacht verweilen.

Rancho Oso RV & Camping Resort

Immer entlang am Meer: Highway 1

Tag 6: Abstecher in den Joshua Tree National Park

Am nächsten Morgen geht es zurück auf den Highway 1 direkt am Pazifik, auch wenn sich zeitweise der schnellere Highway 101 anbieten würde. Nach Pausen in Malibu und in Santa Monica ist nach gut sechs Stunden Fahrzeit der Joshua Tree National Park erreicht. Die Chance auf Wüste, Kakteen und Palmen sollte sich niemand entgehen lassen.

Tag 7: Natur und Nightlife

Besser könnte der Tag nicht starten: Schon morgens wärmt die Sonne den Campingplatz inmitten von Palmen, keine Wolke trübt den Himmel. Der Nationalpark ist perfekt für Wohnmobilreisende

Black Rock Campground im Johusa Tree National Park

eingerichtet: An vielen Attraktionen wie der Felsformation Skull Rock und dem Aussichtspunkt Keys View stehen übergroße Stellplätze zur Verfügung.

Urlauber können locker bis zum frühen Nachmittag bleiben und erreichen dann doch noch frühzeitig das Endziel in Anaheim. Als Finale des Roadtrips lässt sich vom Caravanpark aus das berühmte Feuerwerk im nahen Disney Land beobachten.

Tag 8: Rückgabe und Los Angeles

Auch der schönste Roadtrip ist irgendwann vorbei. Nach der obligatorischen Endreinigung des Wohnmobils muss das Fahrzeug beim Vermieter zurückgegeben werden.

Empfehlungen zur Verlängerung:

Diese Route lässt sich gut mit einer Tour von Seattle nach San Francisco als Vorprogramm (siehe Roadtrip 6) oder einer Runde durch die Nationalparks von Utah und Arizona – darunter Bryce und Grand Canyon – verbinden (siehe Roadtrip 2). Ebenso möglich: Wer anschließend durchs Landesinnere gen Sequoia und Yosemite National Park fährt, kann das Wohnmobil nach einer Rundreise wieder in San Francisco abgeben und sich die aufpreispflichtige Einwegmiete sparen. Los Angeles und Anaheim

Traumstrände zwischen Los Angeles und San Diego

Griffith Observatory in L.A.

mit den Vergnügungsparks sowie Huntington und Newport Beach direkt am Pazifik sind wie geschaffen für einen Anschlussaufenthalt, ebenso San Diego (wo die Rückgabe des Wohnmobils auch möglich ist).

Pier am Pazifik südlich von Los Angeles

Tag	Distanz (in Meilen)	Tagesziel	Campingplatz
1	144 (inkl. Umweg zum 17 Mile Beach)	Moss Landing	Moss Landing KOA Express: am Hafen, nur zwei Duschen, Restaurant Phil's Fish Market & Eatery fünf Minuten entfernt, 80 USD; 7905 Sandholdt Road, Moss Landing, CA 95039, *koa.com/campgrounds/moss-landing*
2	50	Pfeiffer Big Sur State Park	Pfeiffer Big Sur State Park: unter Bäumen gelegen, teils recht eng, kostenpflichtige Duschen, ab 35 USD; Pfeiffer Big Sur SP, *parks.ca.gov/?page_id=570*
3	95	Morro Bay	Morro Strand State Park Campground: direkt am Strand, Duschen vorhanden, aber kein Stromanschluss, ab 35 USD; Morro Strand State Park, *parks.ca.gov/?page_id=593*

Tag	Distanz (in Meilen)	Tagesziel	Campingplatz
4	103	Refugio State Beach	Refugio State Beach: am Meer, viel Platz, ab 10 USD; Refugio Beach bei Goleta, *parks.ca.gov/?page_id=603*
5	44	Santa Barbara	Rancho Oso RV & Camping Resort: große Anlage in den Bergen, mit Tennisplätzen, Minigolf und Reitausflügen, ab 80 USD; 3750 Paradise Road, Santa Barbara, CA 93105, *rvonthego.com/california/rancho-oso-rv-camping-resort*
6	249	Joshua Tree National Park	Black Rock Campground: weitläufig, 20 USD; im Nordwesten des Joshua Tree NP, *nps.gov/jotr/planyourvisit/black-rock-campground.htm*
7	114	Anaheim	Anaheim Harbor RV Park: mitten in Anaheim und nahe bei vielen Attraktionen, ab 55 USD; 1009 S Harbor Blvd, Anaheim, CA 92805, *anaheimharborrvpark.com*
8	33	Los Angeles	Im Großraum LA eröffnen sich Reisenden viele Optionen zum Übernachten – ebenso zahlreiche Flugverbindungen nach Deutschland.

INFO

Gesamtlänge: etwa 900 Meilen (8 Tage)

Beste Jahreszeit: April bis Oktober

An-/Abreise: Lufthansa und United Airlines steuern San Francisco und Los Angeles täglich ab Frankfurt/Main und München an.

Hinweis:

- Die Einwegmiete kann hier Urlaubstage und Spritgeld sparen.
- Der Highway 1 fährt sich besser von Nord nach Süd.

UTAH
Price
Delta
Ely
Lund
Richfield
Moab
Torrey
Beaver
Pioche
Bryce Canyon National Park
Cedar City
Kodachrome Basin State Park
Zion National Park
St. George
COLORADO
Monument Valley
Page
Valley of Fire State Park
Kayenta / Tó Dínéeshzhee'
Las Vegas
Grand Canyon
Flagstaff
Kingman
Winslow
Bullhead City
Prescott
Show Low
ARIZONA
Blythe
Phoenix
GILA
© Mapcreator.io | OSM.org | ©DLR | ©Airbus Defense and Space | ©Copernicus

Roadtrip 2: Best of Nature

Ab/bis Las Vegas durch den Südwesten der USA

Ob Grand Canyon, Monument Valley, Lake Powell oder verwunschen wirkende rot strahlende Felsformationen: Kaum eine Region weckt so sehr die Sehnsucht wie der Südwesten der USA. Getreu dem Motto „Best of Nature" führt diese Wohnmobilreise in rund 20 Tagen ab/bis Las Vegas zu mehreren der schönsten Ziele in den ganzen Vereinigten Staaten überhaupt. So eine Reise bleibt unvergesslich, manche machen sie gar nach einigen Jahren ein weiteres Mal.

Tag 1: Leaving Las Vegas

Die Metropole des Glücksspiels und der Unterhaltung gilt als idealer Ort, sich zu akklimatisieren und schon ein, zwei unvergessliche Tage zu genießen. Bummeln durch die Hotelpaläste sowie Shows und Shopping: Hier wird niemandem langweilig. Und nach dem Trubel weiß jeder Reisende die Ruhe der Natur umso mehr zu

Las Vegas erstrahlt bei Nacht!

Farbenfroher Valley of Fire State Park

schätzen. Das erste Ziel liegt nicht weit: Im Valley of Fire State Park übernachten Camper inmitten roter Felsen. Wanderungen geben einen ersten Vorgeschmack auf die Erlebnisse der nächsten Tage. Und keinesfalls das Fotografieren des Elephant Rock verpassen!

Tage 2 und 3: Wandern im Zion National Park

Utah punktet mit gleich fünf Nationalparks: Heute steht mit dem Zion National Park der erste auf dem Programm. Hier lohnen zwei Nächte, damit ausreichend Zeit für die eine oder andere Entdeckungstour bleibt – zudem muss im Schutzgebiet weitgehend auf Shuttlebusse umgestiegen werden. Zu den beliebtesten Wanderungen zählt der

Camping im ...

... Zion National Park

Riverside Walk, während die Touren zu den Narrows als auch Angels Landing (Zeitslot vorab reservieren!) besonders anspruchsvoll sind.

Tage 4 und 5: Hoodoos im Bryce Canyon National Park

Das nächste Traumziel ist nicht weit: Viele Besucher beeindruckt der Bryce Canyon weitaus mehr als der bekanntere Grand Canyon. Vom Rim Trail mit Sunset und Sunrise Point eröffnet sich ein Panoramablick über die Schlucht. Noch intensiver genießen Urlauber den Park bei einer Wanderung entlang der Hoodoos und Red Rocks. Als Klassiker gilt die Kombination Queen's Garden/Navajo Combination Loop mit einem Abstecher zur schmalen Felsformation Wall Street. Wer zwei Nächte bleibt, hat ausreichend Zeit, mit Camper oder Shuttlebus alle Aussichtspunkte entlang des Scenic Drive anzusteuern. Der North Campground liegt im Nationalpark fußläufig zum Rim Trail, während die privat betriebene Anlage am Hotelkomplex Ruby's Inn mehr Komfort verspricht.

Wandern entlang der Hoodoos

Blick über den Bryce Canyon

Tipp abseits der Hauptroute: Kodachrome Basin State Park

Tag 6: Filmreifer Farbenrausch

Der Name ist Programm: Kodachrome Basin State Park. Eine Expedition der National Geographic Society erkundete die Region im Jahr 1948 und nannte sie angesichts ihrer Schönheit Kodachrome – in Anlehnung an den seinerzeit so beliebten Farbfilm Kodachrome. Wer diese wunderbar stille Oase im Vergleich zum nah gelegenen und viel besuchten Bryce Canyon National Park erreicht, wird schnell übermannt. Rot, gelb, rosa, ocker und weiß – ein Farbenmix einer mächtige Felswand erstreckt sich vor einem, sobald das Eingangsschild des Schutzgebietes passiert ist. Angeblich 67 spitze Felsnadeln prägen den State Park, durch den sich mehrere Wanderwege schlängeln.

Tag 7: Panoramaroute

Es geht weiter via Utah Highway 12, der angesichts seiner Schönheit als sogenannter Scenic Byway gilt. Hier reiht sich ein lockender Fotostopp an den nächsten. Torrey liegt prädestiniert für Touren in den Capitol Reef National Park, beispielsweise mit einer Wanderung zur Hickman Natural Bridge.

Tag 8 bis 12: Natur satt in den Canyonlands rund um Moab

Eigentlich sollte man hier gleich eine ganze Woche verbringen: Das boomende und pulsierende Moab ist das Gateway zu drei Schutzgebieten.

Delicate Arch im Arches National Park: eines von Utahs Topattraktionen

Der Arches National Park ist mit seinen 2000 Steinbögen eines der beliebtesten Schutzgebiete in den ganzen USA. Unumstrittene Hauptattraktion des Parks: der Delicate Arch. Pünktlich zum Sonnenuntergang leuchtet er im schönsten Rot. Ein atemberaubendes Panorama, das mittlerweile jeden Abend zahlreiche Zuschauer über einen steilen Trail anlockt. Viele weitere Attraktionen sind bequem über den Arches Scenic Drive erreichbar: Double Arch, Balanced Rock, Landscape Arch und vieles mehr. Die faszinierende Landschaft des 1971 gegründeten Arches Natio-

Devils Garden Campground im Arches National Park

Dead Horse Point State Park

nal Park entstand in den vergangenen 300 Millionen Jahren durch tektonische Verschiebungen, in denen mehrfach Meere das Areal bedeckten, sich Salz auf Sandstein ablagerte und schließlich erodierte.

Ebenso eindrucksvoll wie der Arches National Park, aber weniger stark frequentiert: Den Canyonlands National Park mit Mesa Arch und dem Grand View Point sowie den Dead Horse Point State Park mit dem bekannten Blick auf die 180-Grad-Schleife des Colorado River sollte niemand verpassen.

Grand View Point im Canyonlands National Park

Passend zu diesen Schätzen in der Natur haben sich in Moab zahlreiche Anbieter für organisierte Ausflüge angesiedelt: für Geländewagen-Touren, Reitausflüge, Ballonfahrten, Kletterabenteuer sowie Wassersport von Rafting bis hin zur Trendsportart Stand-up-Paddeln.

Tage 13: Monument Valley

Kaum eine Region in den USA – von den großen Metropolen abgesehen – kommt einem so vertraut vor wie die Tafelberge im Monument Valley. Ob Tom Hanks in „Forrest Gump" (beim Fotostopp an Milemarker 13 Vorsicht walten lassen) oder John Wayne im Western-Movie „Stagecoach": Mutter Natur hat hier die beste Kulisse für Blockbuster erschaffen. Die öffentlich zugängliche Piste ist schon mit einem normalen Mietwagen nur schwer zu befahren (vom fehlenden Versicherungsschutz ganz zu schweigen) – ein Wohnmobil hat auf dem Rundkurs definitiv nichts zu suchen. Geführte Touren im offenen Geländewagen starten den ganzen Tag über am Monument Valley Tribal Park Visitor Center. Tipp: Besser eine längere Tour mit einem spezialisierten Guide buchen und das Monument Valley mit mehr Ruhe und Muße erkunden.

Monument Valley: eine der markantesten Landschaften der Welt

Horseshoe Bend

Rainbow Bridge

Tage 14 bis 16: Rund um Page

Wie schon in Moab gilt auch für die Region rund um den Lake Powell: Die Zeit reicht nie. Direkt auf der Route passieren Urlauber das fast schon städtische Page am Lake Powell. Zu den eindrücklichsten Touren in den ganzen USA zählen Wanderungen in den sogenannten Slot Canyons – allen voran der Antelope Canyon. Hingegen noch nicht so bekannt ist der nahe Canyon X. Mindestens einen, besser mehrere sollte jeder einmal gesehen haben. Zur Entspannung geht es mit dem Boot über den Lake Powell zur Rainbow Bridge, eine der längsten Felsbrücken der Welt. Zum Sonnenuntergang wandern Besucher dann noch zur berühmten Flussschleife Horseshoe Bend.

Lake Powell – beliebt für Bootsfahrten und mit tollem Übernachtungsplatz (Wahweap RV & Campground)

Extra-Tour: Mit zusätzlich drei oder vier Nächten lässt sich ein fotogener Umweg in die Route integrieren. Der North Rim des Grand Canyon liegt 300 Meter höher als der bekanntere South Rim. Von hier aus wirkt die Schlucht fast noch imposanter. Und vor allem sind hier selbst in der Hochsaison viel weniger Touristen unterwegs, da der North Rim eher abseits liegt. Nach zwei Übernachtungen im Nationalpark ist Kanab das nächste Ziel. Bekannteste Attraktion hier: die farbenfrohe Felsformation The Wave. Die Tickets sind heiß begehrt

White Pocket: am besten ...

... als organisierter Ausflug

North Rim Grand Canyon

und rar. Nur wenige Reisende haben bei der Tombola das notwendige Glück, zudem wird ein allradtaugliches Fahrzeug benötigt. Viele Urlauber buchen daher eine organisierte Tour zu einem der vielen weiteren Highlights hier, entweder zu den South Coyote Buttes oder zur White Pocket, die ähnlich imposant erstrahlen. Für einen Sonnenuntergang bietet sich ein Abstecher in den Coral Pink Sand Dunes State Park an. Den dortigen Campingplatz lobt eine erfahrene Reisebüromitarbeiterin als einen der schönsten in den USA.

Tag 17 und 18: Grand Canyon, South Rim

Theodore Roosevelt, 26. Präsident der USA, war vollkommen überzeugt: „Es ist der einzige Ort, den jeder Amerikaner einmal in seinem Leben besucht haben muss." Den Grand Canyon hat der Colorado River in Millionen von Jahren in den Fels gegraben. An manchen Tagen reicht die Sicht bis zu 300 Kilometer. Der auf etwa 2100 Meter gelegene South Rim mit dem Grand Canyon Village ist ganzjährig geöffnet und verfügt über eine gute touristische Infrastruktur.

Legendäre Aussicht vom Rim Trail am South Rim des Grand Canyon

Mary Colter's Lookout Studio am South Rim des Grand Canyon

Wer der Faszination Grand Canyon näher kommen möchte, muss sich von den bekannten Aussichtspunkten am Rand der Schlucht lösen, beispielsweise Mather Point für Sonnenaufgang und -untergang. Einen ruhigeren und eher noch imposanteren Blick verspricht ein Abstecher auf die Hermits Road. Und zumindest die kurze Wanderung zum Ooh Aah Point sollte niemand verpassen. Nach gut 45 Minuten Abstieg winkt ein Panoramablick, der den mühseligen Aufstieg über etwa 200 Höhenmeter und steile Serpentinen in gut 90 Minuten rechtfertigt.

Mather Campground: zu Fuß in 30 Minuten zum Mather Point

Legendärer Route 66-Diner in Kingman

Typisch für die Route 66

Mächtige Staumauer: Hoover Dam

Tag 19: Nostalgie entlang der Route 66

Ihr Mythos lebt bis heute, auch wenn ihre Bedeutung nachgelassen hat: die legendäre Route 66 von Chicago nach Santa Monica. In Williams, Seligman und Kingman erleben Reisende eine Zeitreise. Museen und Diner vermitteln das Flair der alten Zeit.

Tag 20: Zurück in Las Vegas

Auf der letzten Etappe lohnt ein Besuch des Hoover Dam – ein imposantes Bauwerk! Nach so viel Natur wirkt die Glitzermetropole Las Vegas zunächst ein wenig befremdlich. Doch ein Bummel entlang des Strip bleibt stets ein Erlebnis – auch beim wiederholten Male sind beispielsweise die Wasserfontänen des Bellagio Hotel oder das Venetian Hotel ein Hingucker.

Tag 21: Rückgabe

Die Wege sind kurz. Schnell ist nach der Rückgabe der Flughafen erreicht. Gute Flugverbindungen nach Deutschland tragen dazu bei, dass Las Vegas ein beliebtes Gateway in die Nationalparks ist. Dank seiner vielen imposanten Hotels ist auch ein Anschlussaufenthalt erlebnisreich.

Beliebter Fotospot: das Las Vegas Sign

Empfehlungen zur Verlängerung:

Camper mit mehr Zeit erkunden noch für zwei Nächte das Death Valley – nur gut zwei Autostunden von Las Vegas entfernt. Wer noch mehr freie Tage hat, kombiniert diesen Roadtrip mit dem Joshua Tree National Park und einer Fahrt entlang des Highway 1 (erst Roadtrip 1, dann die hier beschriebene Tour durch die Nationalparks). Bei sechs bis sieben Wochen Zeit lassen sich auch Yellowstone, Mount Rushmore und Co. im Norden (siehe Roadtrip 5) oder Colorado mit den Rocky Mountains (siehe Roadtrip 4) in eine einzige Reise integrieren. Bei gar acht bis zehn Wochen ist ein Roadtrip XXL vom Pazifik bis in die Rocky Mountains möglich – mit etlichen National und State Parks sowie National Monuments zwischen Seattle und Denver.

Unterwegs im Death Valley National Park

Blick über das Badwater Basin im Death Valley National Park

INFO

Gesamtlänge: 1500 Meilen (21 Tage)

Beste Jahreszeit: April bis Oktober

An-/Abreise: Condor und Eurowings Discover fliegen regelmäßig nonstop von Frankfurt/Main nach Las Vegas.

Tipps:

- Campingplätze möglichst frühzeitig reservieren.
- Im Arches National Park muss für die Hauptsaison die Einfahrtzeit gebucht werden – Reisende mit Buchung für den Devils Garden Campground ausgenommen.

Tag	Distanz (Meilen)	Tagesziel	Campingplatz
1	46	Valley of Fire State Park	Atlatl Rock: am westlichen Parkeingang, 25 USD; Valley of Fire SP, *parks.nv.gov/parks/valley-of-fire*
2+3	138	Zion National Park	Watchman Campground: am Besucherzentrum, Busshuttle in den Park, unbedingt frühzeitig reservieren (ab sechs Monate vorher möglich), 30 USD; Zion NP, *nps.gov/zion/planyourvisit/watchman-campground.htm*
4+5	85	Bryce Canyon National Park	North Campground: direkt am Rim Walk, ganzjährig offen, Waschmaschinen und General Store vorhanden, kann zwischen Mitte Mai und Anfang Oktober reserviert werden, 30 USD; Bryce Canyon NP, *nps.gov/brca/planyourvisit/campgrounds.htm* Sunset Campground: nur zwischen Mitte April und Ende Oktober zugänglich, keine Reservierungen, 30 USD; Bryce Canyon NP, *nps.gov/brca/planyourvisit/campgrounds.htm* Ruby's RV Park & Campground: kommerzielle Anlage, mit Pool und vielen Aktivitäten der angrenzenden Hotelanlage, Busshuttle in den Park, ab 45 USD; 300 South Main Street, Bryce Canyon, UT 84764, *brycecanyoncampgrounds.com*

Tag	Distanz (Meilen)	Tagesziel	Campingplatz
6	24	Kodachrome Basin State Park	Basin Campground: mit Panoramablick, März bis November geöffnet, Reservierungen möglich, ab 25 USD; Kodachrome Basin SP, *stateparks.utah.gov/parks/kodachrome-basin/campgrounds*
7	105	Torrey	Wonderland RV Park: verkehrsgünstig für Capitol Reef NP gelegen, Steakhouse Broken Spur Inn gegenüber, ab 44 USD; 955 E UT-24, Torrey, UT 84775, *capitolreefrvpark.com*
8-12	155	Moab	Devils Garden Campground: gilt als einer der schönsten Campgrounds in den gesamten USA, umgeben von Red Rocks, ganzjährig zugänglich, Möglichkeit zum Reservieren (März bis Oktober) unbedingt nutzen, 25 USD; am Ende der Scenic Ropad im Arches NP, *nps.gov/arch/planyourvisit/camping.htm* Island in the Sky Campground (Willow Flat): nahe zum Green River Lookout, keine Reservierungen, 15 USD; Canyonlands NP, *nps.gov/cany/planyourvisit/camp-isky.htm* Kayenta Campground: schattige Plätze, Reservierungen möglich, 50 USD; Dead Horse Point SP, *stateparks.utah.gov/parks/dead-horse/the-kayenta-campground* Moab KOA Holiday: am Ortsende, große Anlage mit Pool und Blick auf die La Sal Mountains, ab 70 USD; 3225 S Highway 191, Moab, UT 84532, *koa.com/campgrounds/moab*
13	160	Monument Valley	The View Campground: schönster Blick auf die Tafelberge; Oljato-Monument Valley, AZ 84536, *monumentvalleyview.com/campground* Monument Valley KOA Journey: wenige Minuten zum Monument Valley Tribal Park, ab 55 USD; Milepost 2, Highway 163, Monument Valley, UT 84536, *koa.com/campgrounds/monument-valley*

Tag	Distanz (Meilen)	Tagesziel	Campingplatz
14-16	136	Page	Wahweap RV & Campground: außerhalb von Page, große terrassenförmige Anlage mit Blick auf Lake Powell, ab 30 USD; Lake Shore Drive, Page, AZ 86040, *lakepowell.com/rv-camping/wahweap-rv-campground*
17+18	133	Grand Canyon National Park (South Rim)	Mather Campground: umgeben von vielen Bäumen, kein Strom, keine Hook-ups, Reservierungen zwischen März und November möglich und dringend empfohlen, 18 USD; Grand Canyon South Rim, *nps.gov/grca/planyourvisit/mather-campground-south-rim.htm* Trailer Village RV Park: einzige Anlage mit Full Hook-ups, ab 65 USD; Grand Canyon South Rim, *visitgrandcanyon.com/trailer-village-rv-park*
19	173	Kingman	Kingman KOA Journey: zentrale Lage, ab 29 USD; 3820 North Roosevelt, Kingman, AZ 86409, *koa.com/campgrounds/kingman*
20	107	Las Vegas	RV Park at Circus Circus: direkt am Strip gelegen, mit Pool (Hotelpool gegen Aufpreis), kaum Schatten, ab 56 USD; 2880 S Las Vegas Blvd, Las Vegas, NV 89109, *circuscircus.com/hotels/rv-park* Las Vegas KOA Journey at Sam's Town: schöne Anlage, acht Meilen zum Strip, ab 56 USD; 5225 Boulder Highway, Las Vegas, NV 89122, *koa.com/campgrounds/las-vegas*
21		Las Vegas	Abgabe des Wohnmobils und Rückreise bzw. Anschlussaufenthalt; Hoteltipp für Verlängerung: Conrad Las Vegas at Resorts World (riesiges Sonnendeck mit mehreren Pools, am Strip, ab 200 USD; 111 Resorts World Avenue, Las Vegas, NV 89109, *hilton.com/en/hotels/rslvhvh-resorts-world-las-vegas)*

Richfield
Moab
Colorado Springs
Beaver
Montrose
Cedar City
COLORADO
Alamosa
Cortez
Durango
St. George
Kayenta / Tó Dínéeshzhee'
Canyon de Chelly National Monument
Taos
USA
Gallup
Santa Fe
Flagstaff
Winslow
Sedona
Albuquerque
Petrified Forest National Park
Prescott
NEW MEXICO
ARIZONA
Show Low
Socorro
Canyon Lake
Phoenix
Scottsdale
Ruidoso
Goldfield Ghost Town
GILA
Alamogordo
Silver City
White Sands National Park
Tucson
Sonoyta
El Paso
Tombstone
Organ Pipe Cactus National Monument
Nogales
Douglas
Puerto Peñasco
Heroica Caborca
Nuevo Casas Grandes
BAVISPE
MEXICO
Madera
Hermosillo
Miguel Alemán (La 12)
© Mapcreator.io | OSM.org | ©DLR | ©Airbus Defense and Space | ©Copernicus

Roadtrip 3: Abseits bekannter Highways durch den Südwesten

Ab/bis Phoenix durchs südliche Arizona und New Mexico

Alte Westernstädte wie Tombstone und unvergessliche Landschaften wie die Dünen im White Sands National Park erkunden Reisende im südlichen Arizona und in New Mexico. Wer eine Rundreise abseits der bekannten Routen erleben möchte, ist hier genau richtig. Dieser Roadtrip eignet sich zudem gut für den Frühjahr oder den Herbst, wenn es tagsüber nicht so heiß wird wie im Sommer.

Petrified Forest National Park

Tag 1: Start in Phoenix

Nach der Übernahme des Wohnmobils und dem Großeinkauf liegt der erste Campground malerisch in den Bergen, umgeben von Kakteen und nur etwa eineinhalb Stunden entfernt. Perfekt zum Relaxen.

Canyon Lake

Erinnerung an vergangene Zeiten ...

... im Goldfield Ghost Town

Tag 2: Ein Tag auf dem Wasser und unter Tage

Heute erwartet Reisende ein echtes Idyll abseits bekannter Wege: eine Fahrt mit dem Schaufelraddampfer auf dem Canyon Lake. Während der etwa 90-minütigen Tour genießen sie Arizonas Landschaft wie aus dem Bilderbuch. Im Anschluss steht nur wenige Fahrminuten entfernt eine Zeitreise an: Die Goldfield Ghost Town ist eine ehemalige Goldgräbersiedlung. Die Mine selbst lässt sich bei einer kurzen Führung erkunden. Im Museumsdorf finden sich zudem viele Geschäfte und kleine Museen, ebenso ein Saloon. Zuweilen fährt eine alte Eisenbahn rund um die Ghost Town. Es gibt zwar dort auch einen Campingplatz, doch schöner wirkt der Übernachtungsplatz im Lost Dutchman State Park.

Tag 3: Einzigartige Kakteen

Der Name ist Programm: Namensgeber des Organ Pipe Cactus National Monument ist der Orgelpfeifenkaktus, der sich durch seine vielen Stämme von anderen Arten unterscheidet. In den USA wächst er nur noch in diesem Schutzgebiet sowie in direkter Umgebung. Weitere Kakteenarten – darunter der berühmte Saguaro – prägen ebenfalls den Park nahe der mexikanischen Grenze. An fast jedem Stellplatz auf dem hübsch gelegenen Cam-

Alamo Canyon

pingplatz findet sich ein Kaktus – ein fantastischer Ausblick für jeden Reisenden.

Tag 4: Naturkundemuseum

Heute erwartet Urlauber wieder städtisches Feeling: Tucson ist die zweitgrößte Stadt in Arizona. Das Arizona-Sonora Desert Museum am Stadtrand liefert einen guten Überblick über Flora und Fauna in der Region – mehr als 230 Tier- und 1200 Pflanzenarten sind eine willkommene Abwechslung für Groß und Klein. Das Arizona State Museum wiederum besticht mit einer Vielzahl von Exponaten der indigenen Bevölkerung. Ebenfalls sehenswert: die Höhlen im Colossal Cave Mountain Park oder im Kartchner Caverns State Park sowie die Eisenbahn in der Sabino Canyon Recreation Area und das Kitt Peak National Observatory in den bis zu 2096 Meter hohen Quinlan Mountains. Und rund um den University Boulevard und die 4th Avenue finden sich viele Restaurants und Bars mit Livemusik.

Tucson punktet mit hübscher Architektur.

Tag 5: Zurück in die Vergangenheit

Als eine Westernstadt par excellence präsentiert sich das historische Silber-Bergwerk-Städtchen Tombstone. In der Allen Street, mitten in der Innenstadt von Tombstone und gesäumt von nachgebauten Saloons, fühlen sich Reisende schnell in frühere Zeiten versetzt. Täglich wird die angeblich berühmteste Schießerei der Westerngeschichte nachgestellt: Am 26. Oktober 1881 fielen am O. K. Corral binnen 30 Sekunden rund 30 Schüsse – ein Vorbild für viele Westernfilme wie beispielsweise „Faustrecht der Prärie". Daneben lassen sich historische Gebäude wie das Bird Cage Theater und der Crystal Palace besichtigen.

Tombstone

Tag 6 und 7: Schneeweiße Dünen im White Sands National Park

Das nächste Ziel liegt ein ganzes Stück entfernt. Daher besser zwei Nächte auf dem Campingplatz im Oliver Lee State Park bleiben. Von hier aus sind es nur etwa 35 Minuten bis zur weltweit

White Sands National Park

größten Wüste aus Gipssand. Die Dünen türmen sich teils 18 Meter und höher auf – und wandern pro Jahr einige Meter. Über den Scenic Drive und vier markierte Wanderwege lässt sich diese unvergessliche Landschaft entdecken. Auch die Pflanzenwelt samt Palmen, die teilweise aus den Dünen herausragen, begeistern Besucher.

Tag 8 und 9: Santa Fe

Nach einer längeren Fahrt erreichen Urlauber schließlich die Hauptstadt des Bundesstaates New Mexico: Santa Fe verzückt mit seiner sehenswerten Altstadt im Publeo-Stil. Hier finden sich viele Galerien, Geschäfte und Restaurants. Sowohl die indigenen Völker sowie mexikanische und spanische Einflüsse als auch die Cowboy-Romantik aus der Zeit der Pioniere prägen bis heute die Stadt – und begründeten den Ruf des Ortes als Paradies für Foodies. Neben verschiedenen Museen bietet sich ein Besuch der wechselnden Freiluftmärkte an.

Santa Fe

Tag 10: Auf in die Berge

Weiter geht es über die High Road quer durch die Sangre de Cristo Mountains. Auch hier prägen Dörfer im spanischen Kolonialstil oder im Pubelo-Design die Landschaft. Kunsthandwerk wird vielfach offeriert. In Taos ist vor allem der Marktplatz mit seinen Galerien sehenswert. Auf dem Weg zum modernen, typisch amerikanischen Ski-Resort Taos passieren Besucher weitere Ghost Towns.

Tag 11 und 12: Gipfelstürme in Albuquerque

Vormittags lohnt sich ein Stopp im alten Minenort Madrid: Hier hat sich mittlerweile eine kreative und lebendige Community etabliert. Zwischen Relikten aus früherer Zeit wie alten Autos und

Sandia Mountains

Eisenbahnen können Besucher in Galerien und weiteren Geschäften stöbern. „Dieser lustige Ort lebt von seiner Schrägheit und den dort lebenden schrägen Typen", erinnert sich ein guter USA-Kenner an seinen Besuch dort im April 2022.

Am Nachmittag ist für zwei Nächte die einwohnerreichste Region von New Mexico erreicht: Die Sandia Mountains und der Rio Grande prägen Albuquerque. Die historische Altstadt geht auf das Jahr 1706 zurück, mehr als 100 Geschäfte und Restaurants finden sich in den Gebäuden im Pueblo-Stil. In Museen sowie am Petroglyph National Monument können Reisende in die faszinierende Vergangenheit der indigenen Völker eintauchen. Ein weiteres Muss: eine Fahrt mit der Seilbahn (Sandia Peak Tramway) auf den 3250 Meter hohen Sandia Peak mit anschließender Wanderung. Vom Gipfel eröffnet sich ein exzellenter Panoramablick. Auch Fahrten mit dem Heißluftballon sind buchbar.

Klassiker: Seilbahnfahrt ab Albuquerque

Tag 13 und 14: Canyon de Chelly National Monument

Nach zwei Nächten in der Großstadt stehen nach einer abermals längeren Strecke nun zwei Übernachtungen in der Natur an. Der Canyon de Chelly im nordöstlichen Arizona ist seit knapp 5000 Jahren besiedelt; die indigenen Völker leben bis heute in den Canyons. Gleich zu Beginn steuern Reisende idealerweise das Besucherzentrum an. Dieses ermöglicht einen guten Überblick über die Geschichte. Neun Aussichtspunkte entlang des North bzw. South Rim Drive sind ideale Fotostopps. Sowohl die Ranger als auch kommerzielle Anbieter offerieren geführte Touren in die Canyons.

Mächtige Schlucht: Canyon de Chelly National Monument

Tag 15 und 16: Versteinerter Wald und Route 66

Heute empfiehlt sich ein früher Start. Erstes Ziel ist der Petrified Forest National Park mit seinem versteinerten Wald, Fossilien und Petroglyphen. Besucher erkunden das wüstenähnliche Schutzgebiet auf 1800 Meter über dem Meeresspiegel problemlos auf eigene Faust.

Petrified Forest National Park

Flagstaff

Da es hier direkt keine Campingplätze gibt, steuert man am besten für zwei Nächte das hübsche Flagstaff an. Das Gateway Richtung Grand Canyon punktet mit Route 66-Nostalgie in der historischen Innenstadt sowie kleinen Geschäften, Brauereien und Restaurants. Im berühmten Lowell Observatorium lassen sich bei einem Besuch bei Dunkelheit beispielsweise der helle Kugelsternhaufen Messier 15 in mehr als 30.000 Lichtjahren Entfernung und andere Himmelserscheinungen beobachten. Auch das Teleskop, mit dem 1930 der Planet Pluto entdeckt wurde, ist zu besichtigen.

Nicht weit außerhalb liegt mit dem Walnut Canyon eine Schlucht, in der 25 historische Felsenwohnungen (Cliff Dwellings) auf einer rund einstündigen, aber körperlich fordernden Wanderung besucht werden können. Alternativ lohnt ein Ausflug zum Sunset Crater Volcano National Monument mit seinem Vulkankrater und

Ruinen im Wupatki National Monument

einem schönen Campingplatz sowie zum Wupatki National Monument mit ebenfalls beeindruckenden Ruinen der Anasazi-Kultur.

Tag 17 und 18: Perle von Arizona

Inmitten roter Berg und vielen Schluchten, teils mit viel Grün im Kontrast zu den Red Mountains, liegt einer der schönsten Orte in den ganzen USA: Sedona. Entlang des Oak Creek zieht sich die Innenstadt entlang. Hier lohnt durchaus ein gemächlicher Bummel. Zum Abendessen unbedingt den urigen Cowboy Club ausprobieren! Zu den weiteren Sehenswürdigkeiten in der Stadt zählen die in

Umgeben von Red Rocks: Sedona

den Berg gebaute Chapel of the Holy Cross sowie der Sedona Airport Scenic Lookout mit Panoramablick über das Verde Valley.

Doch wer Sedona besucht, sollte auch die unvergessliche Natur rund um die Stadt erkunden. Der Slide Rock State Park, zehn Minuten nördlich der beliebten Kleinstadt, überzeugt mit Wanderungen und anschließender Abkühlung in den natürlichen Felsenpools des Oak Creek. Ebenfalls von Trails entlang roter Felsen durchzogen ist der Red Rock State Park – schöne Aussicht inklusive. Im Dead Horse Ranch State Park winken neben Wanderungen auch Kajak- und Kanutouren sowie ein Campingplatz. Die Perle von Arizona ist mit ihrem Mix aus Lifestyle und Natur prädestiniert für einen mehrtägigen Aufenthalt.

Tag 19: Zu Besuch beim Stararchitekten

Vor der Rückgabe des Wohnmobils erwartet Urlauber in Scottsdale noch ein architektonisches Highlight: Die Wohn- und Wirkungsstätte des legendären amerikanischen Architekten Frank Lloyd Wright, der unter anderem das Guggenheim Museum in New York entworfen hat, ist ein wahrer Hingucker. Auf einstündigen Touren per Audioguide gewinnen Besucher einen Überblick über das fabelhafte Anwesen. Abschließend gilt es, die Koffer zu packen und das Fahrzeug auf dem nahen Campingplatz für die Abgabe vorzubereiten.

Taliesin West: Winterresidenz des Architekten Frank Lloyd Wright

Tag 20: Rückgabe in Phoenix

Nach 20 Tagen endet der Roadtrip abseits bekannter Highways wieder in Phoenix. Das lebendige Scottsdale eignet sich gut für ein, zwei abschließende Nächte im Hotel – beispielsweise für entspannte Stunden am Pool, Sightseeing, Restaurantbesuche, eine Kajaktour auf dem Salt River oder eine Ballonfahrt über die Wüste.

Empfehlungen zur Verlängerung:
Diese Route lässt sich gut mit einer Rundreise durch die Nationalparks von Utah und Arizona (siehe Roadtrip 2) kombinieren. Alternativ ein ideales Anschlussprogramm zum Highway 1 (siehe Roadtrip 1) in Kalifornien, zur Schleife durch Colorado siehe (Roadtrip 4) und zur Route 66 von Chicago bis Dallas (siehe Roadtrip 8).

McDowell Sonoran Preserve in Scottsdale

Tag	Distanz (Meilen)	Tagesziel	Campingplatz
1	50	Canyon Lake	Canyon Lake Marina Campgrounds: direkt am See und zum Schiffsanleger; AZ-88, Apache Junction, AZ 85119, *canyonlakemarina.com* Tortilla Recreation Site: idyllisch in den Bergen, zehn Fahrminuten zum See, 20 USD; AZ-88 bei Tortilla Flat, *fs.usda.gov/recarea/tonto/recarea/?recid=35431*
2	10	Goldfield Ghost Town	Lost Dutchman State Park: Stellplätze mit Strom buchbar, ab 25 USD; 6109 N Apache Trail, Apache Junction, AZ 85119, *azstateparks.com/lost-dutchman/camping-and-cabins/rv-and-tent-camping*
3	155	Organ Pipe Cactus National Monument	Twin Peaks Campground: umgeben von Kakteen, 20 USD; Organ Pipe Cactus National Monument, *nps.gov/orpi/planyourvisit/twin-peaks.htm*

Tag	Distanz (Meilen)	Tagesziel	Campingplatz
4	128	Tucson	Tucson/Lazydays KOA Resort: mit eigenem Restaurant und zwei Pools, ab 50 USD; 5151 South Country Club Road, Tucson, AZ 85706, *koa.com/campgrounds/tucson-lazydays*
5	75	Tombstone	Trail Riders Inn Motel & Mini RV Park: fußläufig zur Innenstadt, aber eng und klein, 50 USD; 13 North 7th Street, Tombstone, AZ 85638, *trailridersaz.com*
6+7	309	White Sands National Park	Oliver Lee Memorial State Park Campground: nächstgelegener Campingplatz zum Nationalpark, etwa 30 Fahrminuten entfernt, am Berg mit Blick über die Weite von New Mexico, 10 USD; 409 Dog Canyon Road, Alamogordo, NM 88310, *emnrd.nm.gov/spd/find-a-park/oliver-lee-memorial-state-park*
8+9	233	Santa Fe	Black Canyon Campground: im Santa Fe National Forest acht Meilen von Downtown Santa Fe entfernt, 10 USD; 704 Hyde Park Road, Santa Fe, NM 87501, *fs.usda.gov/recarea/santafe/recarea/?recid=75604*
10	70	Taos	Taos Valley RV Park: zentrale Lage, ab 36 USD; 120 Este Es Road, Taos, NM 87571, *taosrv.com*
11+12	132	Albuquerque	Albuquerque KOA Journey: nahe den Bergen und der Route 66, ab 95 USD; 12400 Skyline Road NE, Albuquerque, NM 87123, *koa.com/campgrounds/albuquerque*
13+14	230	Canyon de Chelly National Monument	Tseyi' Dine' Heritage Area – Cottonwood Campground (TDHA): einige hundert Meter vom Besucherzentrum entfernt, keine Reservierungen möglich, 20 USD (nur Bargeld); Canyon de Chelly NM, *navajonationparks.org/tribal-parks/tseyi-dine-heritage-area*

Tag	Distanz (Meilen)	Tagesziel	Campingplatz
15+16	235	Flagstaff	Flagstaff KOA Holiday: wenige Minuten zur Innenstadt, ab 40 USD; 5803 US-89, Flagstaff, AZ 86004, *koa.com/campgrounds/flagstaff* Bonito Campground: gegenüber vom Besucherzentrum, 26 USD; am Sunset Crater Volcano NM (ca. 30 Minuten von Flagstaff entfernt), *fs.usda.gov/recarea/coconino/recreation/camping-cabins/recarea/?recid=55072&actid=29*
17+18	30	Sedona	Rancho Sedona RV Park: fußläufig zur Innenstadt, ab 67 USD; 135 Bear Wallow Lane, Sedona, AZ 86336, *ranchosedona.com* Dead Horse Ranch State Park: möglichst frühzeitig buchen; *azstateparks.com/dead-horse/camping-and-cabins/camping-at-dead-horse-ranch* Lo Lo Mai Springs Campground: 20 Minuten südwestlich, direkt am Oak Creek, ab 59 USD; 11500 E Lolo Mai Road, Cornville, AZ 86325, *lolomai.com*
19	125	Scottsdale	WestWorld of Scottsdale: verkehrsgünstig für die letzte Nacht, sehr große Anlage, 40 USD; 16601 N Pima Road, Scottsdale, AZ 85260, *westworldaz.com/#rv-camping*
20	13	Phoenix	Rückgabe des Wohnmobils und Heimflug; Hoteltipp für Anschlussaufenthalt: W Scottsdale (Designer Hotel mit großem Pool in zentraler Lage, ab 330 USD; 7277 E Camelback Road, Scottsdale, AZ 85251, *marriott.com/en-us/hotels/phxwh-w-scottsdale)*

INFO

Gesamtlänge: etwa 1800 Meilen (20 Tage)

Beste Jahreszeit: April bis November (im Sommer sehr heiß)

An-/Abreise: Phoenix wird saisonal von Condor ab Frankfurt/Main nonstop angeflogen.

Craig
Steamboat Springs
Estes Park
Fort Collins
Grand Lake
Rangely
Meeker
COLORADO
Denver
Glenwood Springs
Rifle
Breckenridge
Aspen
Fruita
Grand Junction
Colorado National Monument
Colorado Springs
Delta
Black Canyon of the Gunnison National Park
Gunnison
Fountain
Montrose
Cañon City
Pueblo
Nucla
Lake City
Monticello
Telluride
Great Sand Dunes
Walsenburg
Dolores
Alamosa
Cortez
Durango
Mesa Verde National Park
Pagosa Springs
Trinidad
Chama
SAN JUAN
Farmington
Taos
Springer
NEW MEXICO
Cuba
Mora
Fort Defiance / Tséhootsooí
Crownpoint / T'iists'óóz Ńdeeshgizh
Los Alamos
Santa Fe
Las Vegas
Gallup
Pecos
© Mapcreator.io | OSM.org | ©DLR | ©Airbus Defense and Space | ©Copernicus

Roadtrip 4: Auf in die Rocky Mountains

Ab/bis Denver durch die Berge von Colorado

Colorado bietet mehr als nur mächtige Gipfel und schillernde Bergseen. Der Centennial State fasziniert auch mit hohen Dünen, roten Felsen und den kulturhistorisch bedeutenden Felsbehausungen im UNESCO-Welterbegebiet Mesa Verde National Park. Von Denver aus erkunden Reisende die fantastischen Rocky Mountains.

Sehnsuchtsziel: unterwegs in den Rocky Mountains mit Dream Lake und ...

Tag 1: Der Berg ruft

Nach Übernahme und Shopping im Supermarkt erwartet Reisende gleich ein erster Fotostopp mit Wow-Faktor: die fantastische Berglandschaft am Estes Lake – perfekte Einstimmung für eine Tour in die Rocky Mountains.

... mit viel Wildlife

Auch im Sommer liegt Schnee auf den Gipfeln der Rocky Mountains.

Tag 2: Wildlife

Vom Campingplatz ist der Rocky Mountain National Park in wenigen Minuten erreicht. So bleibt den ganzen Tag Zeit, das Schutzgebiet mit seiner reichhaltigen Flora und Fauna sowie mehr als 110 Gipfeln über 3000 Meter zu erkunden. Häufig lassen sich Dickhornschafe oder Elche beobachten. Perfekt für die Übernachtung: ein Stellplatz am Shadow Mountain Lake.

Tag 3: Ideal für Outdoor-Fans

Malerisch und weitgezogen liegt das frühere Bergwerksstädtchen Breckenridge in den Bergen. Dank zahlreicher Wanderwege und Trails für Mountainbiker kommen aktive Reisende hier voll auf ihre Kosten. Auch Rafting, Stand-up-Paddling und Golfen ist möglich. Mit seiner gut erhaltenen historischen Innenstadt zählt der Ort zu den schönsten in den Rocky Mountains.

Rund um Breckenridge

Tag 4 und 5: Amerikas meistfotografierter Berg?

Aspen ist als Heimat der Reichen und Schönen sowie als Wintersportziel weltweit bekannt. Ein Spaziergang durch den schmucken Ortskern lohnt indes auch im Sommer, ebenso die Wanderungen am 3417 Meter hohen Aspen Mountain – mit der Seilbahn Silver Queen Gondola bequem aus der Innenstadt erreichbar.

Doch nur wenige Fahrminuten entfernt liegt ein echtes Idyll, das in den USA populär, doch hierzulande eher unbekannt ist: Die

Beliebtes Fotomotiv: Maroon Bells

Maroon Bells am gleichnamigen See gelten als Amerikas meistfotografierte Berge. Am schönsten erstrahlen die beiden Gipfel – der 4317 Meter hohe Maroon Peak und der 500 Meter entfernte North Maroon Peak – in der Vormittagssonne. Mehrere Wanderwege starten am See.

Extra-Tour: Wer einmal mit einem Wohnmobil einen 4000er-Gipfel passieren will, plant einen zusätzlichen Tag für eine Fahrt hoch zum Independence Pass ein. Nach einer Nacht an den Twin Lakes geht es erneut über den Pass zurück nach Aspen und dann weiter gen Glenwood Springs.

Independence Pass auf 3686 Meter Höhe

Tag 6: Erholung pur

Als weltweit größtes Thermalbad gilt das Glenwood Hot Springs Resort. In den zahlreichen Pools scheinen erholsame Stunden garantiert. Wer hingegen den Adrenalinkick sucht, findet viel Auswahl: Rafting, Fallschirmspringen und Paragliding. In der Innenstadt lässt sich Wildwest-Feeling mit einer Reise in der Vergangenheit verbinden – mit Besichtigungen des Doc Holliday Museum & Memorial in Downtown Glenwood Springs und des Glenwood Springs Historical Society and Frontier Museum.

Tag 7: Rote Felsen

Für Red Rocks sind vor allem die Nationalparks in Utah bekannt. Nicht minder schön und eher in der Kategorie Geheimtipp zu finden: das Colorado National Monument bei Colorado Junction. Mehrere Wanderungen erschließen das Schutzgebiet. Für Kletterer ist die freistehende, 150 Meter hohe Steinformation Independence Monument ein echter Traum. Fun Fact: Hier wird am Independence Day (4. Juli) eine amerikanische Fahne gehisst.

Colorado National Monument mit dem freistehenden Independence Monument

Extra-Tour: Von hier aus lassen sich Utahs berühmte Nationalparks Arches und Canyonlands sowie der Dead Horse Point State Park binnen weniger Stunden erreichen. Für den Abstecher nach Moab sollten Reisende mindestens drei Nächte einplanen und auf Hin- bzw. Rückweg statt der Interstate I-70 besser einmal dem Highway 128 Scenic Byway folgen.

Tag 8 und 9: Tiefe Schlucht

Ähnlich beeindruckend wie der berühmte Grand Canyon präsentiert sich der Black Canyon of the Gunnison. Hier hat der Gunnison River in Millionen von Jahren eine 77 Kilometer lange und 800 Meter tiefe Canyon-Schlucht in das Gestein gegraben. Gerade morgens und abends erstrahlt die Schlucht in herrlichen Farben. Von den zwölf Aussichtspunkten sowie Wanderwegen entlang des Scenic Drive bieten sich atemberaubende Panoramen. Unbedingt zwei Nächte bleiben!

Black Canyon of the Gunnison National Park

Und dann auf der Fahrt in den Nationalpark (oder bei der Weiterreise) noch das Museumsdorf Museum of the Mountain West besuchen. Hier finden sich eindrucksvolle Zeugnisse aus der Zeit der Pioniere – ganze Häuser wie ein historischer Saloon oder eine Kirche können besichtigt werden.

Tag 10: Panoramastraße

Erstes Ziel ist das charmante Telluride, mit seinen gut erhaltenen Fassaden aus dem späten 19. Jahrhundert eine der schönsten Wildweststädte. Hier verübte der legendäre Butch Cassidy seinen ersten Bankraub. Mit der kostenlosen Gondola erreichen Besucher das höhergelegene Mountain Village mit einem spektakulären Blick Bergpanorama samt Wilson Peak.

Bis Dolores folgen Reisende nun dem eigens ausgewiesenen San Juan Skyway Scenic and Historic Byway, einer sehenswerten Panoramastrecke. Noch am selben Tag oder am nächsten Morgen unbedingt dem Canyons Of The Ancients Visitor Center & Museum einen Besuch abstatten – die perfekte Einführung in die Geschichte der Region. Einen hervorragenden Kaffee erhalten Urlauber in der Three Chicks Bakery and Deli.

Mesa Verde National Park: Besichtigung des Long House ...

Tag 11 und 12: Famose Felsenwohnungen

Diese Region ist so abgelegen, dass dieser historische Schatz erst 1888 von zwei Cowboys entdeckt wurde: Der Mesa Verde National Park im äußersten Südwesten des Centennial State ist für seine beeindruckenden steinernen Wohnsiedlungen bekannt, die hier einst vor hunderten Jahren von den Ancestral Pueblo People (genannt Anasazi) geschaffen wurden. Allein das sogenannte Long House, auf geführten zweistündigen Touren zu besichtigen, umfasst die Überreste von 150 Gebäuden. Besonders fotogen und berühmt (sowie leicht zu erreichen) sind das Spruce Tree House (vom Aussichtspunkt am Chapin Mesa Archeological Museum) und der Cliff Palace am Mesa Top Loop. Die Wege im Park mit seinen Tafelbergen sind weit – daher besser zwei Nächte bleiben.

... und Fotostopp am Spruce Tree House

Main Street in Mancos

Tag 13 und 14: Wilder Westen

Auf der Weiterreise lohnt ein Spaziergang durch das schmucke Mancos. Hier genießen Reisende die frühere Zeit in der Main Street abseits ausgetretener Pfade – und einen Lunch in der Absolute Bakery & Cafe.

Nach so viel Kulturgeschichte steht nun eine Zeitreise zu den Glücksrittern an. Natürlich lässt sich der historische Minenort Silverton auch über den sehenswerten Million Dollar Highway erreichen. Viel authentischer aber ist die Fahrt mit der Dampflok der Durango and Silverton Narrow Gauge Railroad (ggf. eine Strecke von bzw. nach Durango mit dem Bus über die Panoramaroute fahren). In Silverton enden die Schienen im Ortskern, umgeben von historischen Häusern und vielen Restaurants. Im kleinen San Juan County Historical Museum gewinnen Reisende einen guten Überblick über das Leben der Pioniere.

Durango and Silverton Narrow Gauge Railroad

Zurück in Durango lohnt ein Bummel durch die sehenswerte Innenstadt mit vielen Geschäften entlang der Main Avenue. Zum Abendessen – oder wenigstens für einen Drink – den Diamond Belle Saloon im historischen Strater Hotel oder das Restaurant El Moro Tavern ansteuern!

Tag 15: Hohe Dünen

Entlang des Highway 160 verläuft der Roadtrip weiter quer durchs südliche Colorado. Für Pausen das Chimney Rock National Monument oder die heißen Becken von Pagosa Springs ansteuern. Tagesziel sind die bis zu 225 Meter hohen Dünen im Great Dunes National Park. Inmitten der Sandkegel verliert man schnell jegliches Raum- und Zeitgefühl. Zum Sandboarden lassen sich am Parkeingang entsprechende Bretter ausleihen.

Great Dunes National Park

Fast noch ein Geheimtipp: Garden of the Gods

Tag 16: Red Rocks

Langsam nähert sich der Roadrip seinem Ende. Für einen weiteren Ausflug empfehlen sich die eigenwilligen Formationen aus Sandstein des Garden of the Gods. Das Panorama aus roten massiven Felsen erinnert schnell an die Hoodoos im weitaus bekannteren Bryce Canyon National Park.

Tag 17: Zurück nach Denver

Das letzte Ziel der Tour war am Vortag schon vom Garden of the Gods zu sehen: der 4301 Meter hohe Pikes Peak, Amerikas angeblich bekanntester Berg. Mit kleinen Wohnmobilen (bis 24 Fuß Länge) lässt sich der Gipfel auf eigene Faust erreichen. Viel entspannter ist indes eine Fahrt mit der legendären Zahnradbahn

Skyline von Denver mit dem Colorado State Capitol

Broadmoor Manitou and Pikes Peak Cog Railway. Während der 70-minütigen Fahrt passiert der Zug Canyons, glitzernde Wasserfälle und mehrere Seen, vielfach werden Rehe, Murmeltiere und Dickhornschafe gesichtet. Tipp: bergauf links sitzen für den besten Blick. Beseelt von so viel Natur fällt die Fahrt zum letzten Campingplatz wohl nicht leicht.

Tag 18: Rückgabe in Denver

Mit der Rückgabe des RV muss eine Reise durch Colorado nicht zu Ende sein. Sehenswerte Museen und die pulsierende Gastroszene sowie ein Besuch des Colorado State Capitol bieten genug Abwechslung für eine weitere Nacht im Hotel!

Empfehlungen zur Verlängerung:

Diese Reise lässt sich ideal mit einem Besuch des weltweit bekanntesten Nationalparks – Yellowstone – verbinden (siehe Roadtrip 5) – ebenso mit einer Tour durch die Nationalparks von Arizona und Utah (siehe Roadtrip 2) bzw. von New Mexico und dem südlichen Arizona (siehe Roadtrip 3).

INFO

Gesamtlänge: etwa 1400 Meilen (18 Tage)

Beste Jahreszeit: Mitte Juni bis Oktober

An-/Abreise: Denver wird täglich nonstop von Lufthansa und United Airlines ab Frankfurt/Main und München angeflogen.

Tipps:

- Für den Rocky Mountain National Park muss für den Zeitraum zwischen Mai und Oktober vorab ein Zeitslot gebucht werden.
- Der Maroon Lake ist äußerst beliebt – daher sollte die Zufahrt frühzeitig reserviert werden.
- Die Besichtigungen im Mesa Verde National Park können erst sieben Tage vor dem gewünschten Datum gebucht werden.
- In den Bergen muss immer mit Wetterumschwüngen gerechnet werden.

Tag	Distanz (Meilen)	Tagesziel	Campingplatz
1	70	Rocky Mountain National Park	Manor RV Park: nahe dem Eingang zum Nationalpark, ab 70 USD; 815 Riverside Drive, Estes Park, CO 80517, *trouthavenresorts.com/manor-rv-park*
2	50	Grand Lake	Green Ridge Campground: am Seeufer, ab 25 USD; Green Ridge Complex an der County Road 66 (abgehend vom Highway 34); *recreation.gov/camping/campgrounds/231861?tab=info*
3	92	Breckenridge	Tiger Run Resort: wenige Minuten von Breckenridge entfernt, ab 60 USD; 85 Revette Drive, Breckenridge, CO 80424, *tigerrunresort.com* Heaton Bay Campground: direkt am Dillon Lake, ab 28 USD; Dam Road, Silverthorne, CO 80498, *fs.usda.gov/recarea/whiteriver/recreation/recarea/?recid=40863&actid=29*
4+5	140	Aspen/ Maroon Bells	Silver Queen Campground: nahe dem See, einige wenige Stellplätze können vorab reserviert werden, 15 USD; Maroon Creek Road, Aspen, CO 81611, *recreation.gov/camping/campgrounds/231883*
6	106	Glenwood Springs	Glenwood Canyon Resort: direkt am Colorado River und nur wenige Minuten von den Hot Springs entfernt, ab 85 USD; 1308 County Road 129, Glenwood Springs, CO 81601, *glenwoodcanyonresort.com/accommodations/camping*
7	67	Colorado National Monument	Saddlehorn Campground: nahe den Aussichtspunkten und dem Besucherzentrum, 22 USD; vier Meilen vom Westeingang bei Fruita, *nps.gov/colm/planyourvisit/camping.htm*
8+9	85	Black Canyon of the Gunnison National Park	South Rim Campground: Stellplätze teils mit Strom, Reservierungen zwischen Mitte Mai und Mitte September möglich, ab 16 USD; am South Rim des Nationalparks (via Montrose erreichbar), *nps.gov/blca/planyourvisit/camp_southrim.htm*

Tag	Distanz (Meilen)	Tagesziel	Campingplatz
10	158	Dolores	McPhee Campground: im Naturschutzgebiet am McPhee Reservoir im San Juan National Forest, ab 26 USD; McPhee Reservoir, *fs.usda.gov/recarea/sanjuan/recarea/?recid=43054* Outpost Motel Cabins & RV Park: im Ort, 45 USD; 800 Central Avenue, Dolores, CO 81323, *outpostmoteldolores.com*
11+12	60	Mesa Verde National Park	Morefield Campground: Stellplätze teils mit Full Hook-up erhältlich, Waschmaschinen vor Ort, Reservierungen möglich, ab 36 USD; Mesa Verde NP, *nps.gov/meve/planyourvisit/camping.htm*
13+14	56	Durango	Alpen Rose RV Park: fünf Meilen zur Main Avenue, ab 67 USD; 27847 Highway 550 North, Durango, CO 81301, *alpenroservpark.com*
15	169	Great Sand Dunes National Park	Piñon Flats Campground: eine Meile vom Besucherzentrum entfernt, Reservierungen sechs Monate im Voraus möglich, 20 USD; Great Sand Dunes NP, *nps.gov/grsa/planyourvisit/pinonflatscampground.htm*
16	169	Colorado Springs	Pikes Peak RV Park: nicht weit von Garden of the Gods und Pikes Peak entfernt, ab 69 USD; 320 Manitou Avenue #2506, Manitou Springs, CO 80829, *pikespeakcampground.com*
17	70	Denver	Denver Meadows RV Park: wenige Minuten von der Innenstadt, ab 60 USD; 2075 Potomac Street, Aurora, CO 80011, *denvermeadowsrv.com*
18		Denver	Hoteltipp für Verlängerung: Grand Hyatt Denver (zentrale Lage, ab 200 USD; 1750 Welton Street, Denver, CO 80202, *hyatt.com/en-US/hotel/colorado/grand-hyatt-denver/denrd*

Malta
Glasgow
Williston
Minot
Fort Benton
Watford City
Great Falls
Jordan
Glendive
Dickinson
Bismarck
Helena
MONTANA
Forsyth
Miles City
Bowman
Butte
Billings
Bozeman
Lemmon
Cooke City
Broadus
Yellowstone National Park
Red Lodge
SOUTH DAKOTA
Sheridan
Devils Tower
West Yellowstone
Cody
Gillette
Deadwood St
IDAHO
Worland
Rapid City
Wall
Idaho Falls
Colter Bay
Mont Rushmore
Custer State Park
Badlands National Park
Pocatello
Pinedale
Riverton
Casper
Chadron
WYOMING
NEBRASKA
Rawlins
Scottsbluff
Antelope Island State Park
Green River
Saratoga
Cheyenne
North Platte
Salt Lake City
Vernal
Craig
Rocky Mountain National Park
Sterling
Jordanelle State Park
McCook
COLORADO
Price
Delta
Denver
Colby
Grand Junction
Richfield
Colorado Springs
Montrose
UTAH
Moab
Lamar
Cedar City
La Junta
Durango
Kanab
Kayenta / Tó Dínéeshzhee'
Cortez
Alamosa
Liberal
Taos
Clayton
Guymon
ARIZONA
NEW MEXICO
Dumas
© Mapcreator.io | OSM.org | ©DLR | ©Airbus Defense and Space | ©Copernicus

ROADTRIP 5: THE GREAT WEST

Von Salt Lake City via Yellowstone National Park nach Denver

Mehr Natur geht wohl nicht: die Nationalparks Grand Teton, Yellowstone und Badlands, dazu mehrere State Parks sowie Devils Tower und Mount Rushmore. Dieser Roadtrip führt zu gleich mehreren der schönsten Orte in den Vereinigten Staaten – von Salt Lake City nach Denver, durch sechs Bundesstaaten.

Tag 1: Start in Salt Lake City

Utah State Capitol in Salt Lake City

Nach der Übernahme des Wohnmobils empfiehlt es sich, nicht mehr allzu weit zu fahren. Und auch wenn es ein Umweg ist: Ein erster Abend im Jordanelle State Park, 30 Minuten östlich von Salt Lake City, bleibt unvergesslich. Strand und See wie aus der Karibik, dahinter die dicht bewaldeten Wasatch Mountains. Vom Campground eröffnet sich ein Panoramablick.

Campingidylle am ersten Abend im Jordanelle State Park

Antelope Island State Park

Tag 2: Am Ufer des Great Salt Lake

Das Tagesziel liegt nicht weit, sodass zunächst Zeit für Sightseeing in Utahs Hauptstadt bleibt. Gerade das Natural History Museum of Utah, der Red Butte Garden sowie das State Capitol sind einen Stopp wert. Der Antelope Island State Park ist bekannt sowohl für seine Sonnenuntergänge über dem Great Salt Lake als auch die hier lebende Bisonherde.

Tage 3 und 4: Gipfel im Grand Teton National Park

Heute steht der erste Nationalpark auf dem Plan: Grand Teton. Hier erleben Reisende eine Berglandschaft wie aus dem Bilderbuch. Wer mit der Seilbahn (Aerial Tram) in Jackson Hole auf den Rendezvous Peak fährt, bekommt einen ersten guten Überblick. Zum Übernachten bietet sich der Colter Bay Campground an. Am

Blick vom Rendezvous Peak über den Grand Teton National Park

Jenny Lake nicht die Bootfahrt verpassen, noch besser: die Wanderungen zu den Hidden Falls oder zum Inspiration Point. Zum Fotografieren unbedingt die Aussichtspunkte Schwabacher Landing und Oxford Bend ansteuern, idealerweise zum Sonnenaufgang. Reisende sollten stets die Augen gut offen halten: Im Grand Teton National Park sind die Chancen besonders hoch, einen Elch (engl. Moose) zu sichten.

Colter Bay RV Park im Grand Teton National Park

Tage 5 bis 8: Natur pur im Yellowstone National Park

Zum weltweit wohl bekanntesten Nationalpark – Yellowstone – sind es jetzt nur noch wenige Meilen. Der Park, 1872 als erstes Schutzgebiet der Welt gegründet und drei Mal so groß wie das

Elk am Yellowstone Lake

Zentrale Lage: Madison Campground

Legendär: der Geysir Old Faithful

Saarland, begeistert mit Geysiren, Thermalquellen, Wildlife und vielfältiger Landschaft. Die Hauptstraße Grand Loop führt mit ihren Querstraßen wie eine Acht durch den Park, fünf Campingplätze mit mehreren hundert Stellplätzen stehen bereit.

Angesichts dieser Fülle sollten Reisende hier mindestens vier Nächte verweilen: Der Madison Campground (zwei Nächte) bietet sich als Ausgangspunkt für die Highlights im Westen an, allen voran der Geysir Old Faithful inmitten des Upper Geyser Basin und das Postkartenmotiv Grand Prismatic Spring. Die Thermalquellen Mammoth Hot

Chromatic Pool im Upper Geyser Basin

Mammoth Hot Springs

Springs lassen sich von hier als Tagesausflug oder auf der Weiterfahrt in den östlichen Teil des Parks besuchen.

Grand Canyon of Yellowstone

Vom Canyon Village Campground (zwei Nächte) sind es nur wenige Fahrminuten zum Grand Canyon of Yellowstone, der idealerweise morgens besucht wird – dann erleuchtet die östlich stehende Sonne die schmale Schlucht mit den beiden Wasserfällen. Mit dem Lamar Valley im Nordosten liegt ein Hotspot für Tierbeobachtungen nicht weit entfernt.

Bisons am Yellowstone River

Unvergesslich: Mud Vulcano Area

Tag 9: Bye-bye Yellowstone

Heute heißt es Abschied nehmen vom legendären Nationalpark. Doch zunächst erwarten die Camper noch die Bisons im Hayden Valley, die vulkanischen Aktivitäten am Mud Vulcano und der Yellowstone Lake, beides nahe dem Campground Fishing Bridge. Nach Verlassen des Parks durch den East Entrance Richtung Cody finden sich entlang des North Fork Shoshone River zahlreiche schöne Campingplätze.

Entlang des North Fork Shoshone River

Tag 10: Panoramastraßen durch die Berge

Nach einer Besichtigung von Cody – beispielsweise mit dem äußerst sehenswerten Buffalo Bill Center of the West sowie Lunch im legendären Saloon Silver Saddle Lounge im Buffalo Bill's Irma Hotel – lohnt ein sehenswerter Umweg über zwei Scenic Roads durch die Berge von Wyoming und Montana abseits der üblichen touristischen Routen: der Chief Joseph Scenic Highway und die Beartooth All-American Road, die manche Reisende als schönsten Highway Amerikas loben. Kleine, einfach ausgestattete Campingplätze finden sich entlang der Strecke. Und mit viel Glück streunt ein Schwarzbär umher oder kreuzt den Highway.

Saloon wie aus dem Bilderbuch: Silver Saddle Lounge

Am Chief Joseph Scenic Highway

Extra-Tour: Reisende mit mehr Zeit könnten vor der Fahrt von hier aus auch gut den Glacier National Park erreichen. Für diesen Abstecher sollten idealerweise weitere drei Nächte eingeplant werden.

Beartooth All-American Road

Tag 11: Nach Red Lodge

Zum nächsten Ort ist es nicht weit: Die kleine, aber schmucke Innenstadt von Red Lodge lädt zum Schaufensterbummel. Angesichts der Fülle an Restaurants (Tipp: Foster & Logans Pub & Grill) könnte der Herd auch mal kalt bleiben.

Belle Fourche River Campground mit Blick auf den Devils Tower

Tag 12: Mächtiger Devils Tower

Heute steht ein langer Fahrtag an. Die Füße können sich Urlauber dann nachmittags vertreten, wenn sie auf dem Tower Trail den markanten Devils Tower in gut einer Stunde umrunden. Und abends fällt vom Campingplatz innerhalb des National Monument der Blick direkt auf den etwa 265 Meter hohen Felsen. Wer mehr Komfort samt Pool und Minigolfanlage sucht, übernachtet auf dem KOA Campground am Parkeingang.

Tage 13 und 14: Abseits der ausgetretenen Pfade

Wildwest-Atmosphäre erleben Reisende bei einem Bummel durch die hübsch restaurierte Innenstadt von Deadwood. Mit Glück lässt sich in einem der Casinos die Reisekasse auffüllen, während nachmittags Schauspieler frühere Schießereien nachstellen.

Deadwood begeistert mit Wildwest-Stimmung.

Nach dem viel bevölkerten Yellowstone National Park lockt nun ein Ziel abseits der ausgetretenen Pfade: die bizarren Felsformationen im Badlands National Park. Im Park warten zahlreiche Aussichtspunkte sowie Spazier- und Wanderwege. Unterwegs lassen sich oftmals Dickhornschafe beobachten. Den schönsten Sonnenuntergang genießen Besucher

Unbekannte Schönheit: Badlands National Park samt ...

am Cliff Shelf Nature Trail, nicht weit vom Campingplatz Cedar Pass entfernt.

... Campingplatz am Cedar Pass

Hinweis: Reisende mit wenig Zeit können ggf. auf eine zweite Nacht verzichten. Dank der überschaubaren Größe lässt sich der Badlands National Park auch in kürzerer Zeit erleben.

Tage 15 und 16: Bisons im Custer State Park

Über kurvige Nebenstraßen führt der Weg zum Custer State Park. Hiesige Stars sind die Bisons – legendär ist das Buffalo Roundup Ende September. Zudem punktet der State Park mit dem schön gelegenen Game Lodge Campground, prädestiniert für einen erholsamen Aufenthalt nach den vielen Attraktionen der vergangenen zwei Wochen mit einigen langen Fahrtagen.

Wildlife im Custer State Park

Tage 17 und 18: Mount Rushmore und Crazy Horse

Auf der Weiterfahrt müssen Wohnmobilreisende aufpassen: Nicht jede Straße Richtung Keystone ist für rollende Ferienwohnungen geeignet! Als erstes bietet sich ein Abstecher zum Crazy Horse Memorial, eine monumentale Skulptur zu Ehren des Oglala-Lakota-Indianers Crazy Horse – ähnlich dem Mount Rushmore, aber wesentlich größer.

Beeindruckend: Mount Rushmore

Der vielleicht bekannteste Berg der USA erstrahlt am schönsten vormittags: Mount Rushmore mit den in den Fels gemeißelten Köpfen der vier Präsidenten Washington, Jefferson, Roosevelt und Lincoln. Nach einem Bummel durch Keystone oder einer erholsamen Pause auf dem Campingplatz ist das Mount Rushmore National Memorial abends nochmals ein lohnendes Ziel: Ab 20 Uhr läuft eine sehenswerte Show, ehe 30 Minuten später die vier Präsidentenköpfe illuminiert werden.

Estes Lake in den Rocky Mountains

Tag 19: Die Berge rufen

Auf dem Weg zum Endziel Denver sollten Reisende einen Abstecher in den Rocky Mountain National Park nicht verpassen. Hier präsentiert sich „Amerikas Dach" von seiner schönsten Seite.

Tag 20: Zurück gen City

Vormittags bleibt noch viel Zeit, die fantastische Berglandschaft zu genießen. Nach einem letzten Fotostopp am Estes Lake führt die Fahrt nun schon Richtung Denver, um möglichst nahe an der Station des Wohnmobilverleihers zu übernachten.

Tag 21: Rückgabe in Denver

Nach Rückgabe des RV bietet sich eine abschließende Nacht im Hotel an. Die Mile High City verfängt mit Lebensfreude und Kultur.

Blick vom Colorado State Capitol auf Downtown Denver

Empfehlungen zur Verlängerung:

Diese Reise lässt mit einer Rundreise durch Colorado (siehe Roadtrip 4) kombinieren. Je nach Routenführung kann dann auch die Einwegmiete entfallen, wenn Denver Start- und Zielort ist. Auch mit einer Tour durch Utah (siehe Roadtrip 2) ist eine Verlängerung möglich.

Tag	Distanz (Meilen)	Tagesziel	Campingplatz
1	42	Jordanelle State Park	Hailstone Campground: mit Panoramablick, 45 USD; Jordanelle SP, *stateparks.utah.gov/parks/jordanelle*
2	78	Antelope Island State Park	Bridger Bay Campground: am Ufer des Great Salt Lake, ab 30 USD; Antelope Island SP, *stateparks.utah.gov/parks/antelope-island*
3+4	308	Grand Teton National Park	Colter Bay Campground: nur wenige Minuten zum Jackson Lake, ab 50 USD; Grand Teton NP, *gtlc.com/camping/colter-bay-campground*
5+6	75	Yellowstone National Park	Madison Campground: nahe dem Old Faithful, 33 USD; im westlichen Teil des Yellowstone NP, *yellowstonenationalparklodges.com/lodgings/campground/madison-campground*
7+8	75	Yellowstone National Park	Canyon Village Campground: nahe dem Grand Canyon of Yellowstone, 39 USD; im östlichen Teil des Yellowstone NP, *yellowstonenationalparklodges.com/lodgings/camping/canyon-campground*
9	70	Shoshone National Forest	Wapiti Campground: am Shoshone River, ab 15 USD; 2225 US-14, *fs.usda.gov/recmain/shoshone/recreation*
10	102	Beartooth Lake	Beartooth Lake Campground: am See inmitten der Berge, 15 USD; US-212, *fs.usda.gov/recmain/shoshone/recreation*
11	42	Red Lodge	Perry's RV Park and Campground: außerhalb des Stadtkerns, 40 USD; 6664 US-212, Red Lodge, MT 59068, *perrysrv.us*
12	326	Devils Tower National Monument	Belle Fourche River Campground: ruhig und mit traumhaften Blick, 20 USD; Devils Tower NM, *nps.gov/deto/planyourvisit/campgrounds.htm* Devils Tower/Black Hills KOA Journey: am Eingang, ab 53 USD; 60 Highway 110, Devils Tower, WY 82714, *koa.com/campgrounds/devils-tower*

Tag	Distanz (Meilen)	Tagesziel	Campingplatz
13+14	174	Badlands National Park	Cedar Pass Campground: mit Aussicht, ab 23 USD; nahe dem Ben Reifel Visitor Center des Badlands NP, *cedarpasslodge.com/campground*
15+16	101	Custer State Park	Game Lodge Campground: ruhig und am Besucherzentrum, 55 USD; am Eingang des Custer SP, *reservations.gooutdoorssouthdakota.com/FacilityDetails.aspx?facID=13&sd=10/30/2022&ed=11/1/2022*
17+18	35	Mount Rushmore National Memorial	Mount Rushmore KOA Resort at Palmer Gulch Resort: zwischen Mount Rushmore und Crazy Horse, ab 81 USD; 12620 SD-244, Hill City, SD 57745, *koa.com/campgrounds/mount-rushmore*
19	350	Rocky Mountain National Park	Manor RV Park: nahe dem Eingang zum Nationalpark, ab 70 USD; 815 Riverside Drive, Estes Park, CO 80517, *trouthavenresorts.com/manor-rv-park*
20	70	Denver	Denver Meadows RV Park: wenige Minuten von der Innenstadt, ab 60 USD; 2075 Potomac Street, Aurora, CO 80011, *denvermeadowsrv.com*
21		Denver	Rückgabe, Hotel-Tipp für Anschluss-Aufenthalt: Grand Hyatt Denver (zentrale Lage, ab 200 USD; 1750 Welton Street, Denver, CO 80202, *hyatt.com/en-US/hotel/colorado/grand-hyatt-denver/denrd)*

INFO

Gesamtlänge: etwa 2500 Meilen (21 Tage)

Beste Jahreszeit: Juni bis September

An-/Abreise: Eurowings Discover fliegt saisonal zwei Mal pro Woche von Frankfurt/Main nach Salt Lake City. Denver wird täglich nonstop von Lufthansa und United Airlines ab Frankfurt/Main und München angesteuert.

Tipps:

- Die Einwegmiete erspart viel Fahrerei und Spritkosten.
- Campingplätze möglichst frühzeitig reservieren.

Victoria
Omak
Everett
Kalaloch Campground
Seattle
Spokane
Olympia
Wenatchee
WASHINGTON STATE
Yakima
Mt. Rainier National Park
Richland
Astoria
Seaside
Walla Walla
COAST RANGES
Portland
Enterprise
Salem
Baker City
Newport
Eugene
Bend
OREGON
Florence
Burns
Coos Bay
Oregon Dunes Nat'l Recreation Area
Crater Lake
Medford
Crescent City
Redwood National Park
Winnemucca
Eureka
Redding
Susanville
Battle Mountain
Red Bluff
EEL
CALIFORNIA
Chico
NEVADA
Ukiah
Carson City
Sacramento
Hawthorne
Yosemite National Park
San Francisco
Mammoth Lakes
San Jose
Bishop
© Mapcreator.io | OSM.org | ©DLR | ©Airbus Defense and Space | ©Copernicus

ROADTRIP 6: ENTLANG AM PAZIFIK

Von Seattle nach San Francisco

Küstenregenwälder, Vulkane und Redwooods: Zwischen Washington State, Oregon und Kalifornien genießen Reisende Natur pur. Von Abstechern wie zum Mount Rainier und dem Crater Lake folgt die Route dem nördlichen Teil des Pacific Coast Highway, einem der bekanntesten Highways der USA.

Wahrzeichen von Seattle: Space Needle mit Aussichtsplattform

Tage 1 bis 2: Vom Depot zum Mount Rainier

Seattle, die größte Stadt in Washington State ist für den Aussichtsturm Space Needle und als Heimat vieler Konzerne wie Starbucks und Amazon bekannt. Nach Abholen des rollenden Ferienheims und einem Stopp im Supermarkt sind es dann noch gut zwei Stunden bis in die Natur des Mount Rainier National Park. Am Fuße des 4392 Meter hohen Mount

Mount Rainier

Rainier verweilen Reisende idealerweise gleich drei Nächte. Der höchste Berg in Washington State, entstanden vor mehreren hunderttausend Jahren als Schichtvulkan, ist geprägt vom größten Gletschergebiet der USA außerhalb von Alaska. Zahlreiche Wanderwege jeglicher Länge führen durch den Park.

Tage 3 und 4: Auf zum Pazifik

Raue Strände und gemäßigter Regenwald prägen den Olympic National Park auf der gleichnamigen Halbinsel. Besonders sehenswert: der Rialto Beach und das Örtchen La Push.

Rialto Beach im Olympic National Park

Unterwegs am Pacific Coast Highway

Tag 5: Traumstraße

Von nun an folgt die Route der legendären Küstenstraße Pacific Coast Highway, die hier im Norden beginnt und viele Meilen weiter südlich im kalifornischen San Diego endet. Das heutige Etappenziel liegt schon in Oregon: der Cannon Beach. Unterwegs bieten sich Sightseeing-Stopps in Astoria, älteste Siedlung westlich der Rocky Mountains, und im gemütlichen Ferienort Seaside an.

Rauer Pazifik: Cannon Beach

Extra-Tour: Oregons Hauptstadt Portland und die Columbia River Gorge sind weitere zwei bis vier Tage wert!

Tag 6: Wale beobachten!

Newport liegt pittoresk zwischen Pazifik und der Yaquina Bay Bridge. Bekannt ist der Küstenort als Hotspot für das Whale Watching. Wer Glück hat, sieht die mächtigen Meeresbewohner vom Strand aus. Ansonsten starten regelmäßig Bootsfahrten. Rund um den Ort erwarten Reisende zwei markante Leuchttürme, darunter das Yaquina Head Lighthouse, sowie zahlreiche Spazier- und Wanderwege.

Yaquina Head Lighthouse

Oregon Dunes National Recreation Area

Tage 7 und 8: Hohe Dünen

Florence gilt als Gateway in die Oregon Dunes National Recreation Area, die sich etwa 50 Kilometer entlang des Pazifiks erstreckt. Die bis zu 150 Meter hohen Dünen lassen sich zu Fuß oder motorisiert mit dem Buggy oder Quad erkunden.

Tage 9 und 10: Amerikas tiefster See

Der Crater Lake im gleichnamigen Nationalpark ist mit 593 Metern der tiefste See der USA. Der farbenfrohe Kratersee entstand nach dem Ausbruch des Vulkans Mount Mazama vor etwa 7700 Jahren. Entlang des Rim Drive finden sich zahlreiche Aussichtspunkte, während die Scenic Route einen Höhenunterschied von 1200 Metern bewältigt. Mit Bootsfahrten und Trolleytouren kann der Nationalpark erkundet werden.

593 Meter tief: Crater Lake

Tag 11: Abschied aus Oregon

Auf der Weiterfahrt lohnt ein Umweg zum Upper Klamath Lake nahe dem Örtchen Klamath Falls. Für die letzte Übernachtung in Oregon steuern Reisende dann ihr Wohnmobil in die Joseph H. Stewart State Recreation Area.

Tag 12: Redwoods

Wer schaut nicht voller Ehrfurcht auf die Redwoods? Die Mammutbäume (California Redwood) zählen zu den höchsten Bäumen der Erde. Im Redwood National Park (kurz vor Eureka, Kalifornien) und den angrenzenden Schutzgebieten wachsen knapp 50 Prozent des natürlichen Bestands. Auch die zerklüfteten Küste und der gemäßigte Regenwald sind sehenswert.

Tag 13: Panoramastraße

Der Name könnte nicht passender sein: Avenue of the Giants. Mit Redwoods verzückt auch der Humboldt Redwoods State Park. Auf 32 Meilen schlängelt sich die Straße entlang der riesigen, rötlich schimmernden Bäume. Das Tagesziel Mendocino zieht sich längs der Pazifikküste.

Mammutbäume im Redwood National Park

Humboldt Redwoods State Park

Tag 14: Natur pur

Der Samuel P. Taylor State Park motiviert ebenfalls zu Spaziergängen und Wanderungen unter Mammutbäumen. Überdies führen Wanderungen zum Gipfel des Barnabe Peak, einem der besten Aussichtspunkte in der Region. Zur richtigen Jahreszeit lassen sich Lachse beim Laichen beobachten. Alternativ entdecken Reisende maritimes Flair – samt markantem Leuchtturm – im Point Reyes National Seashore.

Point Reyes National Seashore

Extra-Tour: Weinliebhaber sollten zusätzlich ein, zwei Tage in den weltbekannten Anbaugebieten Sonoma und Napa Valley einplanen. Auch der weltberühmte Yosemite National Park ist nicht weit!

Blick vom Marine Drive auf Fort Point und Golden Gate Bridge

Tag 15: Golden Gate Bridge

Für die letzte Übernachtung bietet sich der Marin RV Park, nur zehn Meilen nördlich von San Francisco an. Wer früh eintrifft, kann per Bus oder Fähre noch San Francisco für ein paar Stunden besuchen. Oder man

Neuer Park mit Panoramablick: Presidio Tunnel Tops in San Francisco

erfüllt sich einen Roadtrip-Traum und steuert sein Wohnmobil einmal über die legendäre Golden Gate Bridge (Mautpflicht stadteinwärts beachten).

Tag 16: „Stadt der Blumenkinder" oder Heimreise

Nach der Rückgabe des Wohnmobils wartet entweder der Flieger nach Deutschland – oder Reisende erkunden noch ausführlich die faszinierende Metropole. Die Liste an Highlights ist lang: Die Gefängnisinsel Alcatraz, Chinatown, Mission District und der neue Park Presidio Tunnel Tops lassen keine Langeweile aufkommen.

Beliebter Ausflug: Alcatraz Island

Empfehlung zur Verlängerung:

Die Reise von Seattle nach San Francisco lässt sich über den Highway 1 bis nach Los Angeles oder San Diego fortsetzen (siehe Roadtrip 1).

Tag	Distanz (Meilen)	Tagesziel	Campingplatz
1+2	117	Mount Rainier	Cougar Rock: im Südwesten des Schutzgebietes, Reservierungen möglich, 20 USD; Mount Rainier NP, *nps.gov/mora/planyourvisit/campgrounds.htm*
3+4	193	Olympic NP	Kalaloch Campground: Reservierungen möglich, 24 USD; Olympic NP, *nps.gov/olym/planyourvisit/campgroundstatus.htm*
5	168	Seaside/Cannon Beach	Cannon Beach RV Resort: zentral im Ort mit Innen-Pool, 62 bis 68 USD; 340 Elk Creek Road, Cannon Beach, OR 97110, *cbrvresort.com*
6	116	Newport	South Beach Campgound: wenige Meter zum Strand, 32 USD; South Beach Campgound, *stateparks.oregon.gov/index.cfm?do=park.profile&parkId=149*
7+8	50	Oregon Dunes National Recreation Area	Driftwood II Campground: direkt an den Dünen, 25 USD; Oregon Dunes National Recreation Area, *fs.usda.gov/recarea/siuslaw/recreation/recarea/?recid=42527*
9+10	188	Crater Lake	Mazama Campground: zwischen einem alten Baumbestand, ab 31 USD; Crater Lake NP, *nps.gov/crla/planyourvisit/mazama_campground.htm*
11	143	Medford	Joseph H. Stewart State Recreation Area: am Fluss, ab 25 USD; Joseph H. Stewart Recreation Area, *jacksoncountyor.org/parks/Camping/Joseph-Stewart-County-Park*
12	158	Redwood National and State Parks	Elk Prairie und Gold Bluffs Beach Campground: jeweils zentrale Lage, 35 USD; Redwood National and State Parks, *nps.gov/redw/planyourvisit/developedcampgrounds.htm*

Tag	Distanz (Meilen)	Tagesziel	Campingplatz
13	185	Mendocino	Van Damme State Park: drei Meilen südlich von Mendocino, 35 USD; Van Damme State Park, *parks.ca.gov/?page_id=433* Manchester Beach/Mendocino Coast KOA Journey: nahe beim Strand, ab 65 USD; 44300 Kinney Road, Manchester, CA 95459, *koa.com/campgrounds/manchester-beach*
14	139	Samuel P. Taylor SP	Orchard Loop: schattig unter Bäumen, 35 USD; Samuel P. Taylor SP, *parks.ca.gov/?page_id=469*
15	32	Greenbrae	Marin RV Park: kein Campingplatz liegt näher an San Francisco, gute Anbindung per Bus und Fähre, 99 USD; 2140 Redwood Highway, Greenbrae, CA 94904, *marinrvpark.com*
16	33	San Francisco	Abgabe des Wohnmobils, aber zwei weitere Nächte sind angesichts der vielen Attraktionen schnell gefüllt! Hoteltipp für Verlängerung: Beacon Grand (zentral nahe Union Square, ab 297 USD; 450 Powell Street, San Francisco, CA 94102, *beacongrand.com*)

INFO

Gesamtlänge: etwa 1500 Meilen (16 Tage)

Beste Jahreszeit: Mai bis Oktober

An-/Abreise: Seattle wird von Condor und Lufthansa nonstop ab Frankfurt/Main angesteuert. Nach San Francisco fliegen Condor (ab Frankfurt/Main) sowie Lufthansa und United Airlines (jeweils ab Frankfurt/Main und München).

Tipp:

- Die Gebühr für die Einwegmiete spart Fahrtage und Spritkosten, die bei einer Rückreise nach Seattle anfallen würden.

USA
ALASKA
KOYUKUK
YUKON
YUKON
PORCUPINE
KANADA
YUKON
Tanana
Fairbanks
Nenana
Delta Junction
Chicken
Dawson City
Mayo
Healy
AK
Tok
WHITE
PELLY
Talkeetna
Tetlin National Wildlife Refuge
Glennallen
Carmacks
DONJEK
Willow
Kluane Lake
Anchorage
Valdez
Whitehorse
Whittier
Kenai
Cordova
Haines Junction
Kenai Fjords National Park
Carcross
Homer
Skagway
Juneau
Hoonah
Kodiak
GULF OF ALASKA
Sitka

ROADTRIP 7: AMERIKAS LAST FRONTIER

Ab/bis Anchorage durch Alaska und das Yukon Territory

Kaum eine Wohnmobilreise verspricht mehr Abenteuer und Freiheit als eine Tour durch Alaska sowie das angrenzende Yukon Territory. Hier erleben Reisende das größte Gletscherfeld der Erde, die weite Landschaft mit ihren Seen und Flüssen sowie die Historie der Pioniere – imposante Wildlife-Begegnungen stets inklusive. Heute

Übernachten mit Gletscherblick

kommen heute Touristen auf der Suche nach unberührter Natur, einst waren hier die Goldsucher im 19. Jahrhundert. Die sogenannte Acht – eine Schleife durch Alaska und den Yukon – ist eine der beliebtesten Kombinationsreisen durch die USA und Kanada. Und während Alaska gut erschlossen und mit zahlreichen organisierten Touren – vom Rundflug bis zum Motorboot – zu erkunden ist, punktet das Yukon Territory mit mehr Wilderness.

Tag 1: Auftakt in Anchorage

Die größte Stadt Alaskas ist das Tor in den nördlichsten Bundesstaat und wird im Sommer von Deutschland aus direkt angeflogen. Da die Sonne spät untergeht, lässt sich trotz Übernahme und Stopp im Supermarkt noch das zwei Stunden entfernte Talkeetna erreichen.

Tage 2 bis 4: Legendärer Denali National Park

Bei gutem Wetter sollte sich niemand die Chance entgehen lassen, bei einem Rundflug den 6190 Meter hohen Gipfel des Mount Denali zu bestaunen. Auf Wunsch landet der Flieger auch auf einem Gletscher! Anschließend bleibt viel Zeit, den bekanntesten Nationalpark Alaskas zu erreichen.

Unvergesslich: Wildlife im ...

... Denali National Park

Grizzlys und Braunbären sowie Elche, Karibus und Wölfe sind die Stars des Schutzgebiets, das jährlich eine Million Besucher anlockt. Durch die scheinbar unendliche Wildnis führt nur eine Straße, sogenannte Transitbusse bringen Besucher zu ausgewählten Stopps, beispielsweise Wanderwegen. Als bessere Alternative um Flora und Fauna zu erkunden, empfehlen sich die geführten, mehrstündigen Tundra Wilderness Touren. Der Riley Creek Campground liegt verkehrsgünstig und nahe dem Visitor Center des Denali National Park. Urlauber sollten Ausflüge und Campingplatz möglichst frühzeitig buchen!

Tag 5: Fairbanks

Durch die Weiten Alaskas führt der Roadtrip zurück in die zweitgrößte Stadt des Bundesstaates. Unterwegs werden viele kleine Ortschaften passiert. Die Chena Hot Springs laden zum Entspannen ein. Als Kontrast lässt sich die Ölpipeline besichtigen, die vom Polarmeer zum Pazifik führt.

Extra-Tour: Überdies starten von Fairbanks fünfstündige Ausflüge mit dem Flugzeug Richtung Arktis – wahrlich ein einzigartiger Ausflug. Ziel ist das kleine Wiseman in der Brooks Range abseits der gewohnten Pfade. Dafür lohnt ein zusätzlicher Tag.

Tag 6: Traumstraßen

Bei der Weiterfahrt lockt ein kurzer Stopp in der Kleinstadt North Pole: Als „Weihnachtsstadt" ist sie ganzjährig entsprechend dekoriert und „Heimat" von Santa Claus. Hinter Tok verlassen Reisende vorerst den Alaska Highway und steuern ihr rollendes Ferienhaus über zwei ausgewiesene Panoramarouten: erst den Taylor High-

Top of the World Highway

An der Grenze zwischen den USA und Kanada

way, später den Top of the World Highway. Auch wenn diese Straßen teils nicht geteert sind, dürfen sie von Wohnmobilen im Regelfall befahren werden. Unterwegs wird die Grenze nach Kanada passiert. Campingplätze finden sich im winzigen Örtchen Chicken sowie später pittoresk in der Natur.

Tage 7 und 8: Auf Goldsuche!

Dawson City gilt bis heute als Metropole der Goldgräber. Auch sind noch viele Schürfer aktiv. Wichtigstes Wahrzeichen an die alte Zeit und den Schauplatz des wohl spektakulärsten Goldrauschs Nordamerikas ist der große Schwimmbagger Dredge No. 4, der seinerzeit den Klondike River durchpflügte. Bei einer Besichtigung treffen Reisende zuweilen auf die Nachfahren früherer Goldsucher. Im Museum Claim 33 können Besucher das Goldwaschen lernen und anschließend selbst ihr Glück versuchen.

Besuchermagnet: Schwimmbagger Dredge No. 4

Tag 9: Unterwegs auf dem Klondike Highway

Das nächste Etappenziel wäre zwar mit einer sehr langen Tagesetappe zu erreichen. Doch schöner ist es, gemütlich den Highway entlang zu cruisen. Sofern für das Wohnmobil die entsprechende Freigabe seitens des Vermieters vorliegt und somit der nötige Versicherungsschutz besteht, bietet sich ein kurzer Abstecher über das erste Stück des ungeteerten Dempster Highway bis zum Tombstone Mountain Provinical Park, der bis heute eher als Geheimtipp im gesamten Yukon Territory gilt. Für die komplette

Unterwegs im Yukon Territory ...

Fahrt über die legendäre Schotterpiste bis hoch nach Inuvik in den Northwest Territories (und zurück) sind indes mindestens vier zusätzliche Tage einzuplanen.

Alternativ ist das kleine Carmacks an den Five Finger Rapids ein guter Zwischenstopp. Vom Highway führt ein steiler Pfad hinab zum Flussufer, um die Stromschnellen zu beobachten.

Tage 10 und 11: Whitehorse und Miles Canyon

Wichtigste Attraktion der Hauptstadt des Yukon Territory ist der Miles Canyon. Die Schlucht war einst mit gefährlichen Stromschnellen gespickt, sodass die großen Boote während des Goldrauchs speziell mit Seilen vor dem Kentern gesichert wurden. Heute sorgt ein Stausee für ruhiges Wasser. Sehenswert ist zudem die Fischtreppe für Lachse.

... zur größten Stadt

Von Whitehorse aus werden zudem Kanutouren über den Yukon River in jeglicher Länge angeboten – von drei Stunden bis zu mehreren Tagen.

Kanutour auf dem Yukon River

Extra-Tour: Reisende mit viel Zeit bleiben länger und erkunden mit der Schmalspurbahn White Pass & Yukon Route Railway den White Pass Summit und das historische Skagway entlang der legendären Klondike-Goldgräberroute. Und wer sich zwischendurch eine komfortable Auszeit in einer Lodge gönnen möchte, bucht sich für einige Nächte ein Zimmer im idyllisch in der Natur gelegenen Southern Lakes Resort.

Tag 12: Über dem Eis

Über den Alaska Highway führt der Roadtrip nun wieder nach Norden. Wahrzeichen des Kluane National Park ist der Mount Logan, mit 5959 Metern der höchste Berg des Landes, umgeben vom größten Eisfeld des Planeten außerhalb der beiden Polarre-

Fahrt über den Alaska Highway

gionen. Einen längeren Rundflug sollte sich hier kein Camper entgehen lassen – denn nur dann ist der Mount Logan auch zu sehen. Haines Junction ist der wichtigste Versorgungspunkt im Park und Ausgangspunkt für das Flightseeing.

Rundflug über den Kluane National Park

Tag 13: Natur pur

Der Kluane National Park gilt als „Paradies für Naturfreunde“. Berühmt ist der viertgrößte Nationalpark Kanadas auch für seine vielfältige Flora und Fauna. Bären lassen sich hier oftmals beobachten. Zu Fuß und vom Boot aus können Reisende den Park erkunden. Mit seiner einsamen Lage und vielen schönen Campingplätzen, beispielsweise am Ufer des Kluane Lake, ist der Park prädestiniert für einen Wohnmobil-Trip.

Beliebter Zwischenstopp

Kluane Lake

Zurück in Alaska

Tag 14: Tetlin

Zurück in Alaska bietet sich auf dem Weg Richtung Küste eine Zwischenübernachtung an. Ideales Ziel: das weitläufige Tetlin National Wildlife Refuge, Heimat von mehr als 150 Vogelarten sowie Elchen, Karibus und Grizzlys.

Tag 15: Tor zu Amerikas größtem Nationalpark

Von Glennallen aus bietet sich ein Abstecher in den Wrangell-St. Elias National Park an, der größer ist als Yellowstone und Yosemite zusammen. Das Besucherzentrum liegt nur wenige Minuten außerhalb des Ortes. Für die Fahrt in den Park wird indes ein Wohnmobil benötigt, das auch Schotterstraßen befahren darf.

Tage 16 und 17: Auf zum Gletscher

In Valdez ist schließlich der Pazifik erreicht. Quasi zum Pflichtprogramm zählt eine mehrstündige Tour zum Columbia Glacier – entweder entspannt mit dem Ausflugsboot oder sportlich aktiv mit dem Kanu. Rund um den Columbia Glacier, einem der größten in Alaska, entstanden Fjorde und Buchten, in die sich zuwei-

Abendstimmung in Valdez

len Adler und Wale verirren. Atemberaubende Momente sind quasi vorprogrammiert!

Tag 18: Whittier

Für die Weiterreise können Urlauber ihr Wohnmobil auf eine Fähre des Alaska Marine Highway steuern – oder alternativ auf dem Landweg mit einem Abstecher nach Chitina (mit Rundflug zum Root Glacier?) und dann weiter via Glennallen und Anchorage.

Tage 19 und 20: Wildlife und Fjorde

Die Kenai-Halbinsel punktet mit imposanten Gletschern und weiten Fjorden sowie Walen und Seelöwen. Per Auto und auf Wanderungen können Besucher die Natur gut erkunden. Hotspot der Natur ist der Kenai Fjords National Park: Vom größten Eisfeld der USA wabern rund 40 Gletscher, die den Park mit Fjorden und Bergen zu einer beeindruckenden Landschaft im Süden der Halbinsel formen. Statt auf großen Ausflugsschiffen lässt sich die Natur auch vom Kajak aus erkunden. In Kenai bietet das Kenai Visitors and Cultural Center eine informative Schau über die Geschichte der indigenen Bevölkerung sowie der russischen Geschichte der Region.

Im Fischerort Seward lohnt der Besuch des Alaska Sea-Life Center: Das Aquarium gibt einen guten Überblick über das maritime Ökosystems in Alaska. Überdies starten von Seward aus zahlreiche Angeltouren, wenn sich im August rund um die Halbinsel tausende Lachse sammeln, um in die Binnengewässer zum Laichen zurückzukehren. **Wichtig:** In Seward den Campingplatz – ob staatlich oder privat – in jedem Fall vorab reservieren!

Ewiges Eis in Alaska

Extra-Tour: Für Reisende mit mehr Zeit lohnt ein Besuch des Städtchens Homer am südwestlichen Ende der Halbinsel. Nachdem die Anfahrt am Meer immer wieder traumhafte Ausblicke auf den Pazifik eröffnet, finden Reisende Fischrestaurants und Kunsthandwerk im gemütlichen Ort.

Beliebt: Bootstouren entlang Alaskas Küste

Tag 21: Ankunft in Anchorage

Auch wenn man die Wildnis des Nordens noch länger erkunden könnten – für viele Reisende endet nach rund drei Wochen der Campingtrip wieder in Anchorage. Von der Natur zurück in die Großstadt sind es nur gut drei Stunden, sodass nachmittags noch Zeit bleibt, die Rückgabe vorzubereiten. Nach getaner Arbeit lohnt ein Abstecher zum Lake Hood mit vielen startenden Wasserflugzeugen – oder das Einkaufszentrum 5th Avenue Mall.

Tag 22: Rück- oder Ausflug?

Nach der Abgabe des Wohnmobils steht meist noch nachmittags der Rückflug an. Alternativ bieten sich von Anchorage aus ein- oder mehrtägige Ausflüge zur Bärenbeobachtung in den Katmai National Park an, zum Beispiel in die luxuriöse und nur per Flugzeug erreichbare Brooks Lodge.

INFO

Gesamtlänge: etwa 3500 Meilen (22 Tage)

Beste Jahreszeit: Mitte Juni bis September

An-/Abreise: Condor und Eurowings Discover fliegen saisonal nach Anchorage.

Tipps:

- Wer früh in der Saison startet, genießt die Campingplätze fast für sich, hat bessere Chancen für Tierbeobachtungen und erlebt das Erblühen der Natur.
- Für die Einreise vom Yukon Territory nach Alaska wird neuerdings ein ESTA benötigt.
- Bei Grenzübertritt sollten Camper die Vorschriften für Lebensmittel und Feuerholz beachten.
- Staatliche Campgrounds im Yukon sind nicht vorab reservierbar, Feuerholz ist im Preis inklusive.
- Vor allem Whitehorse, aber auch Fairbanks bieten sich ebenfalls als Startpunkt an.

Tag	Distanz (Meilen)	Tagesziel	Campingplatz
1	114	Talkeetna	Talkeetna Camper Park: fußläufig zur Innenstadt, ab 44 USD; 22763 S Talkeetna Spur Road, Talkeetna, AK 99676; *talkeetnacamper.com*
2-4	152	Denali National Park	Riley Creek Campground: am Parkeingang, ab 35 USD; Denali NP, *reservedenali.com/camping/campground-information*
5	122	Fairbanks	Chena River State Recreation Area: außerhalb der Stadt, 45 USD; Chena River State Recreation Area, *alaskastateparks.reserveamerica.com/camping/chena-river-state-recreation-area/r/campgroundDetails.do?contractCode=AK&parkId=1180178#sr_a*
6	294	Chicken	Walker Fork Campground: mitten im Wald, 10 USD; 17 Meilen hinter Chicken am Taylor Highway (Meile 82), *recreation.gov/camping/poi/274259*
7+8	118	Dawson City	Yukon River Campground: am anderen Ufer des Yukon River, erreichbar per Fähre, 20 CAD; am Top of the World Highway, *yukon.ca/en/outdoor-recreation-and-wildlife/camping/site/yukon-river-campground*
9	220 (bis Carmacks)	Tombstone Territorial Park oder Carmacks	Tombstone Mountain Campground: nahe dem Besucherzentrum, 20 CAD; Tombstone Territorial Park, *yukon.ca/en/outdoor-recreation-and-wildlife/camping/site/tombstone-mountain* Hotel Carmacks RV Park: direkt am Yukon River, ab 43 USD; 5607 N Klondike Highway, Carmacks, YT Y0B 1C0, *hotelcarmacks.com*
10+11	110	Whitehorse	Wolf Creek Camp Ground: 15 Minuten von Whitehorse entfernt, 20 CAD; am Alaska Highway, *yukon.ca/en/outdoor-recreation-and-wildlife/camping/site/wolf-creek* Hi Country RV Park: 3 Minuten von Whitehorse entfernt, ab 37 CAD; am Alaska Highway, *hicountryrv.com*

Tag	Distanz (Meilen)	Tagesziel	Campingplatz
12	60	Haines Junction	Pine Lake Campground: am Pine Lake bei Haines Junction, 20 CAD; am Alaska Highway, *yukon.ca/en/outdoor-recreation-and-wildlife/camping/site/pine-lake*
13	70	Kluane Lake	Congton Creek Campground: direkt am Kluane Lake, 20 CAD; am Alaska Highway im Kluane NP, *yukon.ca/en/outdoor-recreation-and-wildlife/camping/site/congdon-creek-campground*
14	220	Tetlin National Wildlife Refuge	Deadman Lake Campground: mit Aussichtsplattform; Tetlin National Wildlife Refuge, *fws.gov/refuge/tetlin/visit-us/activities/camping*
15	138	Glenallen	Northern Nights Campground: nahe dem Besucherzentrum des Wrangell-St. Elias National Park & Preserve, ab 30 USD; Mile Post 188.7, Glenn Highway #1, Glennallen, AK 99588, *northernnightscampground.com*
16+17	119	Valdez	Valdez KOA Journey: weitläufige Anlage, ab 61 USD; 3181 Richardson Highway, Valdez, AK 99686, *koa.com/campgrounds/valdez*
18	90 (plus Fähre)	Whittier	Williwaw Campground: mit Aussicht auf Gletscher, ab 33 USD; 4660 Portage Glacier Road, Girdwood, AK 99515, *fs.usda.gov/recarea/chugach/recreation/camping-cabins/recarea/?recid=6604&actid=29*
19+20	120	Kenai Fjords National Park	Stoney Creek RV Park: nahe bei Seward, Blick auf Berge, ab 65 USD; 13760 Leslie Place, Seward, AK 99664, *stoneycreekrvpark.com* Bear Creek RV: außerhalb von Seward, von Wald umgeben, ab 45 USD; 33508 Lincoln Avenue, Seward, AK 99664, *bearcreekrv.com*
21	160	Anchorage	Golden Nugget RV Park: große Anlage, in der Nähe von Walmart und Innenstadt; 4100 Debarr Road, Anchorage, AK 99508, *goldennuggetcamperpark.com*
22		Anchorage	Rückgabe und Rückreise bzw. Verlängerung

Pierre
Green Bay
Sioux Falls
Madison
IOWA
USA
Cedar Rapids
Chicago
Joliet
North Platte
Des Moines
NEBRASKA
Lincoln
ILLINOIS
Springfield
MISSOURI
Topeka
KANSAS
Saint Louis
Jefferson City
St James
Dodge City
Wichita
Lebanon
Evansville
Onondaga Cave State Park
Springfield
Nashville
Tulsa
Foss State Park
ARKANSAS
Amarillo
Elk City
TENNESSEE
Oklahoma City
Memphis
Little Rock
Huntsville
Palo Duro Canyon
OKLAHOMA
Lubbock
MISSISSIPPI
Dallas
Shreveport
Abilene
Jackson
LOUISIANA
Odessa
TEXAS
Austin
Baton Rouge
Houston
New Orleans
San Antonio
MEXICO
Nuevo Laredo
© Mapcreator.io | OSM.org | ©DLR | ©Airbus Defense and Space | ©Copernicus

ROADTRIP 8: LEGENDÄRE ROUTE 66

Von Chicago nach Dallas

Kaum eine Route ist weltweit so legendär wie die Route 66! Für viele USA-Fans ist es ein Traum, einmal quer durchs Land von den Great Lakes bis zum Pazifik zu cruisen. Auch wenn die Blütezeit der Mother Road längst verblasst ist, verspricht ein Roadtrip unvergessliche Einblicke in frühere Zeiten – und ermöglicht es, ganz unterschiedliche Bundesstaaten kennenzulernen. Für eine Reise sind die insgesamt 2451 Meilen zwischen Chicago und Santa Monica recht weit. Alternativ bietet sich eine Entdeckungsreise nur für den Abschnitt zwischen Chicago und Dallas an. Und wer geschickt plant, nutzt hierfür die besonders preiswerten Angebote für die Überführungsfahrt eines fabrikneuen Wohnmobils (siehe Kapitel 1.7).

Start mitten in Chicago

Tage 1+2: Beginn der Zeitreise

Mit der imposanten Skyline und den Stränden am Lake Michigan lässt es sich gut ein oder zwei Tage in Chicago verbringen, ehe der Roadtrip startet. Das Tagesziel liegt nicht weit: Joliet, die fünftgrößte Stadt in Illinois. Insgesamt führt die Mother Road zunächst rund 480 Kilometer durch Illinois. Wer nach Abholen und Einkaufen Lust auf einen Snack (oder mehr) hat, stoppt im Örtchen Willowbrook mit seinem legendären Diner Dell Rhea's Chicken Bas-

Chicago River

ket, seit den späten 1930er-Jahren geöffnet und seit 1992 mit seinem Brathähnchen in der Route 66 Hall of Fame gelistet. Der Campingplatz neben dem Casino eröffnet die Chance, gleich an zwei Abenden mit Glück im Spiel die Reisekasse aufzustocken.

In Joliet bietet sich ein Abstecher ins Gefängnis an – natürlich nur als Besucher. Und in Betrieb ist es seit 2002 ohnehin nicht mehr. Doch eine Besichtigung lohnt sich nicht nur für Fans des Filmklassikers „Blues Brother" und der TV-Serie „Prison Break", für die das Gefängnis Drehort war. Zudem können sich Reisende im Joliet Area Historical Museum and Route 66 Welcome Center mit interaktiven Ausstellungen und historischen Exponaten auf den Roadtrip einstimmen. Ebenfalls bei einem Stadtspaziergang einen Stopp wert: das Rialto Square Theatre. Das 1926 erbaute Theater gilt mit seinem Mix aus griechischer, römischer, französischer sowie byzantinischer Innenarchitektur als eines der schönsten Theater in den ganzen USA.

Joliet mit den „Blues Brothers" im „Gefängnis"

Tage 3+4: Fotoklassiker und Besuch beim Präsidenten

Dieses Motiv in Pontiac sollte sich niemand entgehen lassen: Das Route 66-Schild auf der Rückseite des Route 66 Association Hall of Fame and Museum gilt als größtes der Welt. Im Inneren der früheren Feuerwache entdecken Reisende eine imposante Ausstellung zur Mother Road: Zapf-

Historische Tankstelle in Odell

Oldtimer Museum in Pontiac

säulen, Werbeschilder, Fotos und die Sammlung der Route 66-Ikone Bob Waldmire. Die Stadt punktet überdies mit mehr als weiteren 20 Murals (Wandbildern) sowie dem Pontiac-Oakland Automobile Museum & Resource Center, eine der weltweit größten Oldtimer-Sammlungen der Marken Pontiac und Oakland.

Bei der Weiterreise passieren Reisende die Ahornsirup-Farm Funks Grove Pure Maple Sirup Farm im kleinen Township. Freunde des Süßen decken sich gleich ein.

Springfield: Heimat von Abraham Lincoln

Am Nachmittag ist schließlich Springfield erreicht. Die Hauptstadt von Illinois liegt im Herzen des Bundesstaates und ist Heimat des legendären US-Präsidenten Abraham Lincoln. Die Abraham Lincoln Presidential Library and Museum sowie die

Lincoln Home National Historic Site, in dem er 17 Jahre wohnte, widmen sich seinem ereignisreichen Leben. Zudem ist das sehenswerte Städtchen ein Hotspot der Mother Road-Historie: darunter das legendäre Motorheads Bar and Grill als Roadhouse und Museum sowie die Mahan's Filling Station als sehenswertes Beispiel einer Tankstelle aus der Frühzeit der Route 66 und der „Lauterbach Giant", einer der bekanntesten „Muffler Men", dieser einzigartigen überlebensgroßen Skulpturen. Und alljährlich Ende September findet in der 115.000-Einwohner-Stadt das International Route 66 Mother Road Festival statt.

Cozy Dog Drive In

Extra-Tour: Reisende mit viel Zeit bleiben eine weitere Nacht und steuern auch das Dana Thomas House an, ein Meisterwerk des Architekten Frank Lloyd Wright.

Tag 5: Gateway Arch National Park

Heute erwartet Zeitreisende eines der bekanntesten Restaurants entlang der legendären Strecke: Das Ariston Café ist das angeblich älteste Route 66-Restaurant, gegründet in Carlinville und 1929 nach Litchfield umgezogen.

Ideal für eine Pause: Ariston Café

Schließlich ist St. Louis in Missouri erreicht. Wahrzeichen Nummer eins: der 192 Meter hohe Gateway Arch im gleichnamigen Nationalpark. Der Steinbogen erinnert an den US-Präsidenten Thomas Jefferson sowie die Expedition von Lewis und Clark im

Gateway Arch National Park in St. Louis

frühen 19. Jahrhundert gen Westen. Der Gateway Arch (ein Aufzug bringt Gäste nach ganz oben) ist sogar von der Route 66 aus sichtbar. Auch von den nachgebauten Schaufelraddampfern auf dem Missouri bietet sich ein schöner Blick.

Tag 6: Natur oder Wein?

Qual der Wahl: Auf der heutigen Etappe lässt sich viel erleben: von den Höhlen im Onondaga Cave State Park über die St. James Winery (Wein kaufen für den weiteren Trip!) bis zum gemütlichen Restaurant Sybill's St. James mit seinen gemütlichen Schaukelstühlen auf der Veranda. Zum Übernachten bieten sich der State Park oder das Ozark Outdoors Resort (ideal für Wassersport aller Art) an.

Tag 7: Erfrischende Quelle

Mehrere hundert Millionen Liter sprudeln jeden Tag aus der Bennett Springs im gleichnamigen State Park. Ein faszinierendes Spektakel für Angler, die hier Forellen fischen, und Wanderfreunde. Das nahe Lebanon – zur Blütezeit der Route 66 ein bedeutender

Zwischenstopp – ist bekannt für seine historische Innenstadt und die Heartland Antique Mall mit mehr als 400 Antikgeschäften sowie zahlreichen Outlet Stores.

Tag 8: Geburtsort der Mother Road

Springfield, Missouri spielt eine besondere Rolle in der Geschichte der Route 66: Hier erhielt die Streckenführung 1926 ihren Namen. Mehrere Museen beleuchten die Historie. Zudem begeistert die Stadt mit der größten und ältesten Filiale des Outdoor-Ausrüsters Bass Pro Shops Outdoor World (bekannt aus TV-Serie „Last Man Standing" mit Tim Allen) sowie dem daneben liegenden Aquarium. An den Amerikanischen Bürgerkrieg erinnert das Wilson's Creek National Battlefield, 1861 Schauplatz einer bedeutenden Schlacht. Die Fantastic Caverns sind Amerikas einzige befahrbare Höhle und können auf knapp einstündigen Jeepfahrten besichtigt werden.

Tag 9: Art déco-Architektur und Wolkenkratzer

Vormittags lassen sich im kleinen Halltown die viktorianischen Villen gut bei einem Spaziergang erleben. Tulsa als zweitgrößte Stadt in Oklahoma ist geprägt vom Arkansas River sowie einem

Sightseeing in Tulsa

sehenswerten Architekturmix aus sehenswertem Art déco und modernen Hochhäusern, befeuert vom Ölboom. Rund um die 1924 eröffnete Blue Dome Tankstelle gruppiert sich heute ein lebendiges Unterhaltungsviertel. Für Abwechslung von der Route 66-Nostalgie sorgen zahlreiche Museen und Attraktionen wie beispielsweise ein Aquarium.

Bunte Neonschilder entlang der Route 66

Tage 10 und 11: Cowboy-Kultur und mehr

Oklahoma City zählt zu den attraktivsten Städten entlang der Mother Road. Selbst zwei Nächte reichen kaum aus, die Vielfalt zu genießen. In die Zeiten des Wilden Westens entführt die Stockyard City samt Auktionen, vielen entsprechenden Restaurants und Cowboy-Geschäften, während im State Fair Park immer wieder Pferdeshows stattfinden. Passend dazu sind regelmäßig Polizisten auf Vierbeinern unterwegs. Mehrere Museen erinnern an das his-

Erinnerungsstätte: Oklahoma City National Memorial & Museum

torische Erbe der Region, auch der indigenen Bevölkerung. Das Oklahoma City National Memorial & Museum ist wiederum den Opfern und Rettungskräften des furchtbaren Bombenanschlags im Jahr 1995 mit 168 Toten gewidmet. Familien erkunden die 213 Meter lange Zipline, den Zoo oder das Science Museum. Und vom Wassertaxi auf dem Bricktown Canal eröffnet sich ein anderer Blick auf Oklahoma City.

Tag 12: Relaxen am See

Nach so viel Großstadttrubel spricht viel für einen entspannten Tag in der Natur: Der Foss State Park liegt ideal zur Route 66, um mit Wandern, Reiten oder Aktivitäten auf dem Wasser Kraft zu tanken. Unterwegs unbedingt für einen Snack oder gemütlichen Lunch im Lucille's Roadhouse in Weatherford halten – oder kombiniert mit einem Museumsbesuch am Ableger in Clinton.

Tage 13 und 14: Beeindruckender Canyon

Abseits der klassischen Route 66 findet sich eine echte Idylle: der Palo Duro Canyon bei Amarillo in Texas. „Die Schlucht ist atemberaubend, der Mesquito-Campingplatz wahrlich ein Hammer", schwärmt ein Hamburger Ehepaar noch Jahre nach seinem Besuch im Palo Duro Canyon. Hier unbedingt zwei Nächte bleiben – zumal

Konkurrenz für den Grand Canyon: Palo Duro Canyon

sich auf der Hinfahrt noch ein Besuch des Route 66 Museums in Elk City empfiehlt.

Tag 15: Weiterfahrt oder Dallas?

Bis zum Ende der Mother Road am Santa Monica Pier ist es noch weit. In New Mexico, Arizona und Kalifornien erwarten Wohnmobilreisende zahlreiche weitere Highlights, beispielsweise die Nationalparks Grand Canyon und Petrified Forest – und natürlich viel Route 66-Nostalgie. Wer noch viel Zeit hat, steuert seine rollende Ferienwohnung bis zum Pazifik. Ansonsten bietet sich Dallas für die Rückgabe und den Heimflug an. Auto-Freaks legen noch einen Umweg zur Cadillac Ranch und den Historic District in Amarillo ein, bevor es in die texanische Metropole geht.

Cadillac Ranch in Amarillo

Tag 16: Zurück in der Großstadt

In der Metropolregion Dallas/Fort Worth lässt sich ein Roadtrip ausklingen, ideal für ein oder zwei Nächte im Hotel fürs Sightseeing. Zudem fliegen gleich zwei Airlines nonstop nach Deutschland.

Abschied vom Roadtrip in der Metropolregion Dallas/Fort Worth

Tag	Distanz (Meilen)	Tagesziel	Campingplatz
1+2	50	Joliet	RV Park at Hollywood Casino: praktisch für die erste Nacht, mit Restaurant und mehr, im Winter geschlossen; 777 Hollywood Blvd, Joliet, IL 60436, *hollywoodcasinojoliet.com/hotel/rv-park*
3+4	165	Springfield. IL	Springfield KOA Journey: etwa 15 Minuten bis zur Innenstadt, ab 55 USD; 4320 KOA Road, Rochester, IL 62563, *koa.com/campgrounds/springfield*
5	97	St. Louis	DraftKings at Casino Queen RV Park: zentrale Lage neben einem Casino, 65 USD; 200 Front Street, East St. Louis, IL 62201, *draftkingsatcasinoqueen.com/stay/rv-park*
6	96	St. James	Onondaga Cave State Park: nahe bei Höhlen und Meramec River, ab 14 USD; Onondaga Cave State Park, *mostateparks.com/park/onondaga-cave-state-park* Ozark Outdoors Resort: Ferienanlage mit Unterkünften, Camping (Stellplätze auch am Fluss) und diversen Aktivitäten, ab 30 USD; 200 Ozark Outdoor Lane, Leasburg, MO 65535 *ozarkoutdoorsresort.com/rv-family-friendly-campsites*
7	69	Lebanon	Bennett Springs SP: fünf Campingplätze, ab 14 USD; Bennett Spring State Park, *mostateparks.com/park/bennett-spring-state-park*
8	55	Springfield, MO	Springfield/Route 66 KOA Holiday: stadtnah gelegen, ab 55 USD; 5775 West Farm Road 140, Springfield, MO 65802, *koa.com/campgrounds/springfield-route-66*
9	181	Tulsa	Canyon Creek RV Park: neun Minuten gen Downtown Tusla, 35 USD; 6618 N 52nd West Avenue, Tulsa, OK 74126, *canyoncreekcabinrv.com*

Tag	Distanz (Meilen)	Tagesziel	Campingplatz
10+11	106	Oklahoma City	Twin Fountains RV Park: Restaurant und kostenloser Shuttle zu umliegenden Attraktionen wie dem OKC Zoo oder der Cowboy Hall of Fame, 65 USD; 2727 NE 63rd Street, Oklahoma City, OK 73111, *twinfountainsrvresort.com*
12	100	Foss State Park	Sandy Beach Campground: Kajak-Miete möglich; Foss State Park, *travelok.com/state-parks/foss-state-park*
13+14	153	Palo Duro Canyon SP	Mesquite Camground: mit schöner Aussicht, 26 USD; Palo Duro Canyon State Park, *tpwd.texas.gov/state-parks/palo-duro-canyon*
15	306	Dallas	Dallas/Arlington KOA Holiday: zwischen Dallas und Fort Worth, ab 60 USD; 2715 S Cooper Street, Arlington, TX 76015, *koa.com/campgrounds/dallas-arlington*
16		Dallas/Fort Worth	Abgabe sowie Heimreise oder Verlängerung

INFO

Gesamtlänge: etwa 1600 Meilen (16 Tage)

Beste Jahreszeit: März bis November

An-/Abreise: Lufthansa und ihr Partner United Airlines fliegen nach Chicago, nach Dallas geht es mit Lufthansa sowie American Airlines.

Tipps:

- Die Entfernungsangaben können variieren, wenn der Interstate statt der originalen Streckenführung der Route 66 gefolgt wird.
- Die Einwegmiete lässt sich bei einer Reise entlang der Route 66 nicht vermeiden.

Drummondville
KANADA
Montréal
Lac-Mégantic
Jackman
Magog
Sherbrooke
USA
Lincoln
MAINE
Colebrook
Bangor
Skowhegan
Plattsburgh
Stowe
Burlington
Berlin
Farmington
Bar Harbor
Acadia National Park
Augusta
Montpelier
Ferrisburgh
Lincoln
Lewiston
Middlebury
Sebago Lake State Park
Conway
Rockland
VERMONT
Rutland
Lebanon
Portland
Lake Winnipesaukee
Queensbury
Wells
Saratoga Springs
Concord
GULF OF MAINE
NEW HAMPSHIRE
Jamaica State Park
Keene
Albany
Lowell
Cape Ann
MASSACHUSETTS
Boston
Berkshire Mountains
Worcester
Providence
Hartford
RHODE ISLAND
Cape Cod
CONNECTICUT
Newport
New London
New Haven
Bridgeport
© Mapcreator.io | OSM.org | ©DLR | ©Airbus Defense and Space | ©Copernicus

ROADTRIP 9: FARBENFROHER INDIAN SUMMER

Ab/bis Boston durch die Neuenglandstaaten

Was für Schauspiel der Natur: Alljährlich im Herbst verfärben sich die Blätter an den Bäume glanzvoll – nirgendwo schöner als in den Neuenglandstaaten. Doch eine Rundreise ab/bis Boston durch den Nordosten der USA ist ganzjährig ein erlebnisreicher Mix aus Natur und Tradition, gepaart mit liebenswerten Städtchen am Atlantik wie in den Wäldern.

Herbstfarben

Tag 1: Start in Boston

Nach der Landung am Vortag sollte niemand einen Spaziergang entlang des geschichtsträchtigen Freedom Trail verpassen: Im State House des Bay State wurde anno 1776 die amerikanische Unabhängigkeit ausgerufen. Doch nach einer Nacht im Hotel wird es nun Zeit für den Roadtrip. Erste Station nach Abholen des Wohnmobils und Einkaufen: Cape Ann.

Blick auf Boston

Tage 2 und 3: Maritimes Flair

Zum Auftakt geht es vormittags aufs Boot. Ziel: Wale beobachten. Schließlich ist es nicht mehr weit, ehe das Camp nahe beim Meer aufgeschlagen wird. Wells Beach ist der ideale Ort, zwei Nächte maritimes Flair zu genießen. Und ganz in der Nähe liegt mit dem Marginal Way einer der beliebtesten malerischen Küstenwanderwege in Neuengland, traumhafte Aussicht auf den Ozean inbegriffen. Das kleine Örtchen Ogunquit bietet sich zum Bummeln an, die Kittery Outlets zum Shoppen.

Tag 4: Küstenstädte

Zu den schönsten Küstenstädtchen zählt Kennebunkport, weltweit bekannt geworden als Sommersitz des früheren US-Präsidenten George H. W. Bush. Farbenfroh gestrichene Häuser, das Straßenbahnmuseum Seahore Trolley und das Gourmetrestaurant White Barn Inn: perfekt fürs Sightseeing. Nächstes Ziel ist das Postkartenmotiv Portland Head Light, einer der meist fotografierten Leuchttürme der USA.

Portland selbst punktet ebenfalls mit einer schmucken Innenstadt. Und bei Freeport findet sich wieder ein Schlafplatz mit Meeresrauschen.

Tage 5 und 6: Berge und Meer

Für das Topziel in Maine nehmen sich Besucher mindestens zwei Tage Zeit. Der Acadia National Park besticht mit traumhafter Küstenlandschaft und dichten Wäldern, die im Indian Summer farbenfroh erstrahlen. Die Park Loop führt auf die Spitze des Cadillac Mountain, mit 466 Metern der höchste Berg an der Küste. Von hier oben erleben Reisende nicht nur eine traumhafte Aussicht auf den Atlantik, sondern auch den ersten Sonnenaufgang eines jeden Tages in den USA sowie unvergessliche Sonnenuntergänge. Die Felsformation Thunder Hole, der Sand Beach sowie Sieur de Monts Spring (mit botanischem Garten) sind ebenfalls einen Stopp wert. Rund 200 Kilometer Wanderwege führen durch das Schutzgebiet. Wer das Wohnmobil auf dem Campingplatz tagsüber stehen lassen möchte, kann den Nationalpark und das Örtchen Bar Harbor als zentrales Gateway per geführter Tour erkunden.

Absolutes Muss: Acadia National Park

Tag 7: Sebago Lake State Park

Auf dem langen Weg Richtung New Hampshire und Vermont bietet sich ein Zwischenstopp am Sebago Lake an. Ideal zum Relaxen, Schwimmen und Wandern.

Tag 8: Lake Winnipesaukee

Viele pittoreske Orte wie Meredith und Laconia rund um den Lake Winnipesaukee am Rande der White Mountains laden zum Bummeln ein, während sich der See mit einem Ausflugsschiff oder einem gemieteten Boot entdecken lässt. Und bei Wassertemperaturen von bis zu 26 Grad lohnt ein erfrischendes Bad.

Verträumte Örtchen am Lake Winnipesaukee

Extra-Tour: Gerade Eisenbahnfreunde steuern für einen zusätzlichen Tag das Städtchen Conway an: Die beliebte Conway Scenic Railroad fährt fünf Stunden durch die famosen Landschaften von New Hampshire.

Ausflug mit der Cog Railway

Tage 9 und 10: Höchster Gipfel in Neuengland

Granitgipfel und dichte Wälder prägen die White Mountains in New Hampshire, ebenfalls ein Topziel im Indian Summer. Mit der Zahnradbahn Cog Railway erreichen Besucher die Spitze des Mount Washington, mit 1917 Metern die höchste Erhebung im Nordosten der USA – spektakuläre Blicke während der insgesamt dreistündigen Fahrt und vom Gipfel inklusive. Abseits ausgetretener Pfade sind Reisende im Franconia Notch State Park (im Herzen der White Mountains) unterwegs – mit der eindrucksvollen Flume Gorge und einer 90-minütigen Wanderung durch die Schlucht. Hier findet sich auch der passende Platz zum Übernachten.

Indian Summer genießen

Tag 11: Wildblumen und Fall Foliage

Als eine malerische Kleinstadt wie aus dem Bilderbuch präsentiert sich Stowe, das ganzjährig einen Besuch lohnt: beliebter Wintersportort, Wildblumen im Frühjahr, Klettern im Sommer und farbenfroher Indian Summer. Der Little River State Park punktet mit einem großen Campingplatz direkt am Strand des Waterbury Reservoir. Für eine Tour auf dem Stausee können Boote gemietet werden.

Sehenswertes Stowe

Tage 12 und 13: Lifestyle und Natur

Schon nach wenigen Meilen winkt für Schleckermäuler ein besonderer Stopp: die Ben & Jerry's Ice Cream Factory in Waterbury Village Historic District. Bei 30-minütigen Führungen erfahren Fans der Eismarke in einem Film mehr über die Firmengeschichte und können einen schnellen Blick in den Produktionsraum werfen – und eine Eisprobe darf natürlich nicht fehlen. Das Etappenziel Burlington findet sich malerisch am weitgezogenen Lake Champlain mit Blick auf die Adirondack Mountains. Neben Outdoor-Aktivitäten erleben Reisende vor allem studentisches Flair und eine vielfältige Gastro- und Brauereiszene. Danach geht es zurück in die Natur – in den schönen Button Bay State Park mit seinem großen Campingplatz samt Pool. Prädestiniert zum Wandern und Entspannen!

Tage 14 und 15: Überdachte Brücken und Green Mountains

Neuengland ist nicht für den Indian Summer, sondern auch für seine überdachten Brücken bekannt. Zu den schönsten Covered Bridges zählt die 1880 über dem Mad River errichtete Warren Bridge. Mit dem RV durchfahren klappt aber leider nicht. Von hier aus folgt der Roadtrip dem Highway 100, einer ausgewiesenen Panoramastraße nicht nur im Herbst. Der Jamaica State Park liegt ideal für weitere Touren in den Green Mountains.

Warren Covered Bridge

Tag 16: Berkshires

Weiter geht es zum höchsten Punkt in Massachusetts: Mount Greylock mit rund 1130 Metern. Zu den schönsten Orten in der bergreichen Region zählen Williamstown und Lenox – bekannt auch für Kunst und Kultur.

Tag 17: Zurück am Atlantik

Ob für Hillary Clinton, George H. W. Bush oder Meryl Streep: Die schon 1701 gegründete Yale University in New Haven zählt zu den renommiertesten Universitäten weltweit. Tagesziel ist aber das mondäne Newport – perfekte Idylle am Meer.

Tage 18 und 19: Cape Cod

Zu den beliebtesten Zielen an der US-Ostküste zählt das mondäne Cape Cod. Die Region lässt sich gut bei Strandspaziergängen und Fahrradtouren erleben. An den wohl bekanntesten Gast – John F.

Sehnsuchtsziel Cape Cod

Kennedy, 35. Präsident der USA – erinnert das JFK Museum in Hyannis. Bequem mit der Fähre können Urlauber nach Martha's Vineyard übersetzen, noch etwas edler. Und nicht vergessen: einmal fangfrischen Hummer probieren – im Ganzen, als Suppe oder sandwichartig als Lobster Roll (wer es zuvor in Maine verpasst hat).

Kulinarische Klassiker: Lobster Roll sowie Fish & Chips

Tag 20: Zurück nach Boston

Nach einem letzten Strandspaziergang wird es Zeit, in die Großstadt zurückzukehren.

Tag 21: Heimreise

Nach der Rückgabe des Wohnmobils können Reisende mit zahlreichen Airlines von Boston zurück nach Europa fliegen. Oder sie hängen ein paar Tage dran und entdecken die pulsierende und geschichtsträchtige Metropole.

INFO

Gesamtlänge: etwa 1500 Meilen (21 Tage)

Beste Jahreszeit: Mai bis Oktober

An-/Abreise: Lufthansa fliegt täglich ab Frankfurt/Main und München nach Boston.

Tipps:

- Die Vermietstationen liegen teils weit außerhalb. Transfers gut planen!
- Vorhersage zum „Indian Summer“: *newengland.com/seasons/fall/foliage/peak-fall-foliage-map/*

Tag	Distanz (Meilen)	Tagesziel	Campingplatz
1	38	Cape Ann	Cape Ann Camp Site: nahe der historischen Innenstadt von Gloucester, ab 42 USD; 80 Atlantic Street, Gloucester, MA 01930, *capeanncampsite.com*
2+3	77	Wells Beach	Sun Outdoors Wells Beach: nahe am Strand, mit Pool und Minigolf, ab 42 USD; 1000 Post Road, Wells, ME 04090, *sunoutdoors.com/maine/sun-outdoors-wells-beach*
4	37	Freeport	Wolfe's Neck Oceanfront Camping: große Grünfläche direkt am Wasser, ab 36 USD; 134 Burnett Road, Freeport, ME 04032, *freeportcamping.com*
5+6	179	Acadia National Park	Bar Harbor/Oceanside KOA Holiday: mit Strand und Restaurant, ab 60 USD; 136 County Road, Bar Harbor, ME 04609, *koa.com/campgrounds/bar-harbor-oceanside*
7	180	Sebago Lake State Park	Sebago Lake State Park: wenige Minuten zum Strand, ab 35 USD; Sebago Lake SP, *apps.web.maine.gov/cgi-bin/online/doc/parksearch/details.pl?park_id=26*
8	55	Lake Winnipesaukee	Long Island Bridge Campground: direkt am See, ab 50 USD; 29 Long Island Road, Moultonborough, NH 03254, *longislandbridgecampgroundnh.com/#campsites*
9+10	66	White Mountains	Lafayette Place Campground: ab 25 USD; im Franconia Notch State Park, *newhampshirestateparks.reserveamerica.com/camping/lafayette-place-campground/r/campgroundDetails.do?contractCode=NH&parkId=270044#sls_a*
11	173	Stowe	Little River State Park: eine der beliebtesten Anlagen in Vermont, 28 USD; *vtstateparks-visit.com/camping/little-river-state-park/r/campgroundDetails.do?contractCode=VT&parkId=1280078*

Tag	Distanz (Meilen)	Tagesziel	Campingplatz
12+13	63	Button Bay State Park	Button Bay State Park: mit großem Swimmingpool, 28 USD; im Button Bay SP, *vtstateparks-visit.com/camping/button-bay-state-park/r/campgroundDetails.do?contractCode=VT&parkId=1280033*
14+15	131	Jamaica State Park	Jamaica State Park: Wanderwege starten direkt am Campground, 28 USD; Jamaica State Park, *vtstateparks-visit.com/camping/jamaica-state-park/r/campgroundDetails.do?contractCode=VT&parkId=1280016*
16	104	Berkshires	Mt. Greylock Campsite Park: am Fuße des Berges, ab 45 USD; 15 Scott Road, Lanesborough, MA 01237, *mtgreylockcampsitepark.com/?utm_source=google&utm_medium=organic&utm_campaign=google_my_business*
17	178	Newport	Newport RV Park: jeweils fünf Meilen nach Newport bzw. zum Sandy Beach Point, ab 120 USD (mindestens 2 bzw. 3 Nächte je nach Saison); 181 Bradford Avenue, Portsmouth, RI 02871, *newportrvpark.com*
18+19	74	Cape Cod	Scusset Beach: direkt am Meer, 70 USD; 20 Scusset Beach Road, Sagamore, MA 02562, *mass.gov/locations/scusset-beach-state-reservation*
20	112	Littleton	Spacious Skies Minute Man Campground: wunderschöne und große Stellplätze, ab 66 USD; 264 Ayer Road, Littleton, MA 01460. *campatminuteman.com*
21	30	Worchester	Rückgabe in Worchester, Transfer nach Boston sowie Rückflug oder Anschlussaufenthalt; Hoteltipp für Verlängerung: Hyatt Regency Boston (zentral im Theatre District, ab 360 USD; 1 Avenue de Lafayette, Boston, MA 02111, *hyatt.com/de-DE/hotel/massachusetts/hyatt-regency-boston-harbor/bosha*

Live Oak
Lake City
Jacksonville
Perry
Saint Augustine
Alachua
Gainesville
Cedar Key
Ocala
Daytona Beach
The Villages
Orlando
Cape Canaveral
Spring Hill
Palm Harbor
Winter Haven
Tampa
Clearwater
St Petersburg
Clearwater Lake
Fort Pierce
Sarasota
FLORIDA
West Palm Beach
Fort Myers
Periwinkle Park
Naples
Fort Lauderdale
Everglades City
Miami
Alice Town
Everglades National Park
Marathon
Key West
Bahia Honda State Park
© Mapcreator.io | OSM.org | ©DLR | ©Airbus Defense and Space | ©Copernicus

ROADTRIP 10: ZU BESUCH BEI DISNEY UND HEMINGWAY

Ab/bis Miami durch Florida

Miami Beach

Unterwegs im Sunshine State finden Reisende viel Erholung und Beachlife: Ein Strand ist in Florida schließlich selten weit entfernt. Und dank Sightseeing in Städten wie Miami, St. Pete und St. Augustine sowie Attraktionen wie Disney World und dem Weltraumbahnhof Cape Canaveral ist für viel Abwechslung gesorgt. Und auch unvergessliche Wildlife-Momente sind quasi garantiert: Alligatoren, Manatees und Delfine lassen sich vielfach auch ohne geführten Ausflug beobachten!

Florida von oben

Art déco-Architektur in Miami

Tag 1: Start in Miami

Dank der guten Fluganbindung ist Floridas größte Stadt der ideale Ausgangspunkt für eine Rundreise. Mit dem berühmten Art déco-Viertel, Little Havanna und den Stränden können Urlauber hier schon ein, zwei entspannte Tage erleben, bevor sie das Wohnmobil übernehmen. Für eine erste Übernachtung ohne lange Fahrerei bietet sich das Juno Ocean Walk RV Resort in West Palm Beach an. Von der zugegebenermaßen großen Anlage sind es nur wenige Schritte zum Strand am Atlantik.

Tage 2 und 3: Entlang des Atlantiks

Auch heute ist es nicht weit – so bleibt mehr Zeit, die Strände am Meer und die Inselwelt der Indian Shores zu genießen. Das eigentliche Ziel ist spektakulär: Cape Canaveral. Dort lohnt sich ein gan-

Kennedy Space Center Visitor Complex

zer Tag: Vom Weltraumbahnhof Kennedy Space Center auf Merritt Island starteten einst die Mondmission Apollo 11 und die Space Shuttles. Vieles davon, etwa die „Atlantis", lässt sich besichtigen, manches in einem Simulator sogar nacherleben. Und wer eine tierische Alternative sucht, besucht die Manatees im Merritt Island National Wildlife Refuge.

Tage 4 und 5: Die älteste Stadt der USA

Der erste Stopp des Tages führt in das Naturschutzgebiet des Canaveral National Seashore. Perfekter Kontrast zum gestrigen Tag!

Anschließend steht St. Augustine auf dem Programm. Sie gilt nicht nur als älteste Stadt der Vereinigten Staaten, sondern mit ihrer spanischen Kolonialarchitektur als eine der schönsten. Um in das Flair der historischen Viertel, beispielsweise im Lincolnville Historic District, einzutauchen, bleibt man besser zwei Nächte – und zwar nahe dem Strand und Meer im Anastasia State Park, nur 15 Minuten von Downtown entfernt.

Historische Innenstadt: St. Augustine

Tage 6 bis 9: Adrenalinkick

Als Zwischenziel ist vormittags schnell einer der berühmtesten Strände an der Ostküste, Daytona Beach, erreicht – hier dürfen Autos und Motorrads am Strand fahren.

Dann geht es in das Unterhaltungsparadies an der amerikanischen Ostküste schlechthin: Orlando. Wer die zahlreichen Vergnügungs-

Abenteuer in Disney World

parks – von Disney World mit Mickey Mouse und Co. über Universal bis SeaWorld besuchen will, braucht sicherlich mehr als zwei volle Tage bzw. drei Nächte.

Tage 10 und 11: Strände und Lifestyle

Zum Golf von Mexiko ist es jetzt nicht weit: Um die vielfältige Kunst- und Gastroszene von St. Pete/Clearwater zu erkunden, liegt der St.

Dalí Museum in St. Pete

Petersburg / Madeira Beach KOA Holiday Campground ideal. In St. Pete sind das Dalí Museum, das James Museum of Western & Wildlife Art und der langgestreckte St. Pete Pier ein absolutes Muss, ebenso ein Street-Art-Spaziergang zu den zahlreichen Murals. Clearwater punktet mit zahlreichen herausragenden Stränden – darunter der Pass-a-Grille Beach oder der Madeira Beach – sowie dem Clearwater Marine Aquarium.

St. Petersburg / Madeira Beach KOA Holiday Campground

Tage 12 und 13: Inselparadies

Vor der Weiterfahrt gen Süden sollten Reisende noch einen Stopp in Tampa einlegen und unbedingt Ybor City besichtigen. Das legendäre kubanische Viertel wurde in den 1880er-Jahren gegründet und ist bis heute als Produktionsstätte kubanischer Zigarren bekannt. Auch der pittoreske Stadtteil Hyde Park Village sowie das Florida Aquarium laden für einen Besuch ein.

Kubanisches Flair: Ybor City in Tampa

Rund um die drei sehenswerten Städte Fort Myers, Sarasota und Naples liegt eine Trauminsel neben der nächsten – beispielsweise Anna Maria Island, Sanibel Island oder Marco Island. Nach und nach schwinden

Hillsborough River in Tampa

die Schäden von Hurrikan Ian, der vor allem die Region rund um Fort Myers stark getroffen hat.

Coquina Beach auf Anna Maria Island

Tag 14: Zu Besuch bei Alligatoren

Neben den Seekühen sind sie wohl das tierische Wahrzeichen Floridas schlechthin: die Alligatoren im Everglades National Park. Auch Waschbären, Schildkröten und Pumas lassen sich oft sichten, beispielsweise vom Airboat (Propellerboot) oder Kanu aus.

Ausflug mit dem Airboat ab Everglades City

Alligatoren im Everglades National Park

Tage 15 und 16: Key West

Kaum ein Ort ist so bekannt und der rund 200 Kilometer lange Overseas Highway mit 42 Brücken dorthin eine echte Panoramastraße: Das relaxte Key West punktet mit viel Lifestyle, während Reisende in den Straßen immer wieder auf den Spuren des berühmten Schriftstellers Ernest Hemingway wandeln. Unbedingt sein Wohnhaus besuchen – ebenso den quirligen Mallory Square zum Sonnenuntergang und anschließend die Duval Street. Entlang der Florida Keys starten an vielen Orten Kanutouren durch Mangroven, Schnorchelausflüge oder Segeltörns in den Sonnenuntergang.

Traumstraße: Overseas Highway

Streifzug durch Key West

Tage 17 und 18: Schönster Strand der Keys?

Nach so viel Unterhaltung in Key West finden Reisende des Bahia Honda State Park viel Ruhe und Entspannung. Viele Reisende loben den viel frequentierten Strand als den schönsten entlang der Keys. Vom Wohnmobil zum Wasser sind es nur wenige Meter. Alternativ bietet sich der Sun Outdoors Islamorada RV Park an. In jedem Fall gilt aber: perfekte Idylle zum Ende des Roadtrips!

Sehnsuchtsziel mit karibischem Flair: Key West

Erholung pur im Bahia Honda State Park

Tag 19: Zurück nach Miami

Vom Strand in die Metropole dauert es nur drei Stunden. Nach dem Packen in Fort Lauderdale sind es nur noch 35 Meilen bis in die Innenstadt von Miami.

Tag 20: Heimreise

Von Miami geht es für Reisende zurück nach Deutschland – oder nach Miami Beach ins Hotel für einige weitere Nächte. Auch zahlreiche Kreuzfahrtschiffe gen Karibik legen hier ab.

Tag	Distanz (Meilen)	Tagesziel	Campingplatz
1	86	Juno Beach	Juno Ocean Walk RV Resort: nahe dem Strand, ab 61 USD; 900 Juno Ocean Walk, Juno Beach, FL 33408, *junooceanwalkrvresort.com*
2+3	146	Cape Canaveral	Indian River RV Park: am Meer, ab 89 USD; 5 Broad Street, Titusville, FL 32796, *indianriverrvpark.com*
4+5	101	St. Augustine	Anastasia State Park: Full Hook-ups in einem State Park sind selten, 42 USD; *floridastateparks.org/anastasia*
6–9	108	Orlando	Orlando/Kissimmee KOA Holiday: perfekt für Walt Disney World Resort, Universal Studios, SeaWorld etc., ab 63 USD; 2644 Happy Camper Place, Kissimmee, FL 34746, *koa.com/campgrounds/kissimmee*
10+11	111	St. Pete/ Clearwater	St. Petersburg / Madeira Beach KOA Holiday: verkehrsgünstige Lage, ab 85 USD; 5400 95th Street North, St. Petersburg, FL 33708, *koa.com/campgrounds/st-petersburg*
12+13	165	Sanibel Island	Periwinkle Park and Campground: zehn Gehminuten zum Strand, ab 55 USD; 1119 Periwinkle Way, Sanibel, FL 33957, *sanibelcamping.com* Bradenton/Hunsader Farms KOA Holiday: gut für die Golfinseln Anna Maria Island und Longboat Key, ab 55 USD; 5500 CR 675, Bradenton, FL 34211, *koa.com/campgrounds/bradenton*
14	229	Everglades NP	Flamingo Campground: unbedingt vorbuchen, Bootstouren starten nahe am Stellplatz, ab 30 USD; 1 Flamingo Lodge Highway, Homestead, FL 33034, *flamingoeverglades.com*
15+16	156	Key West	Geiger Key Resort: direkt am Wasser und nicht weit von Key West, ab 150 USD; 5 Geiger Road, Key West, FL 33040, *geigerkeymarina.com*

Tag	Distanz (Meilen)	Tagesziel	Campingplatz
17+18	28	Bahia Honda Key oder Islamorada	Bahia Honda State Park: direkt am Strand, Bootstouren und Kanuleihe möglich, 50 USD; am Atlantik im Bahia Honda SP, *floridastateparks.org/BahiaHonda* Sun Outdoors Islamorada: direkt am Wasser: ab 100 USD; 87395 Old Highway 1, Islamorada, FL 33036, *sunoutdoors.com/florida/sun-outdoors-islamorada*
19	141	Fort Lauderdale	Davie/Ft. Lauderdale KOA Holiday: kleine Anlage, 20 Fahrminuten zum Strand, ab 95 USD; 3800 SW 142 Avenue, Davie, FL 33330, *koa.com/campgrounds/davie*
20		Miami	Rückgabe; Hotel-Tipp für Anschluss-Aufenthalt: Hotel RIU Plaza Miami Beach (direkt am Strand, sehr gutes Frühstück, ab 250 USD; 3101 Collins Avenue, Miami, FL 33140, *riu.com/en/hotel/usa/miami-beach/hotel-riu-plaza-miami-beach)*

INFO

Gesamtlänge: etwa 1500 Meilen (20 Tage)

Beste Jahreszeit: Januar bis Dezember (von Juni bis November drohen Hurrikans)

An-/Abreise: Miami wird von Lufthansa täglich ab Frankfurt/Main angesteuert, in der Wintersaison zusätzlich ab München.

Tipps:

- Angesichts vieler Mautstraßen besser individuell beim Vermieter bzgl. örtlicher Regelungen nachfragen.
- Statt Miami sind auch Orlando und Tampa (jeweils mit Nonstopflügen ab Frankfurt/Main) als Start- und Endpunkt geeignet.

ANHANG

Familiencamping im First Landing State Park (bei Virginia Beach)

ANHANG

Notfallnummern

Zentrale Notrufnummer	911
Straßenverhältnisse und -sperrungen	511
Deutsche Botschaft in Washington, DC (Bereitschaftsdienst für Notfälle)	+1 202 298 4000
Kreditkartensperrung (zentrale Notrufnummer)	+49 30 4050 4050

Hilfreiche Websites und Apps

Zahlreiche digitale Helfer machen heutzutage das Reisen viel einfacher – hier eine Übersicht nützlicher Website und Apps, beispielsweise zu Benzinpreisen und Wanderwegen (für Campingplätze: siehe Kapitel 9, Campingplatz finden).

Tipp: Manche Wohnmobilverleiher bieten eigene Apps an, beispielsweise El Monte.

Name	**Funktion**	**Website**	**iOS**	**Android**	**Kostenlos?**
Alltrails	Wanderwege	*alltrails.com*	ja	ja	kostenlos
Byways	Landschaftlich schöne Strecken	*byways.org*	Nein	Nein	kostenlos
GasBuddy	Zeigt Tankstellen und aktuelle Spritpreise an	*gasbuddy.com*	ja	ja	kostenlos
Maps.me	Alternative zu Google Maps, auch offline nutzbar	*maps.me*	ja	Ja	teilweise

Name	Funktion	Website	iOS	Android	Kostenlos?
National Park Service (NPS)	Informationen zu den Nationalparks sowie den vom NPS verwalteten Attraktionen und Schutzgebieten, teilweise offline zu verwenden	*nps.gov*	ja	ja	kostenlos
Womo-Abenteuer	Viele Tipps (Routenplanung etc.) und Forum für Fragen für Wohnmobilreisen in Nordamerika	*womo-abenteuer.de*	nein	nein	kostenlos

Maße und Gewichte

Inch	Zoll	2,54 cm
Food	Fuß	30,48 cm
Mile	Meile	1,609 km
Pint	Pint	0,568 l
Gallon	Gallone	4,546 l
Ounce	Unze	28,349 g
Pound	Pfund	453,592 g

Temperaturen

Grad Celsius	-10	-5	0	5	10	15	20	25	30	35	40
Grad Fahrenheit	14	23	32	41	50	29	68	77	86	95	104

Packliste

- Reisepass
- Führerschein und ADAC-Mitgliederkarte
- Kreditkarten
- Reiseunterlagen wie Voucher für das Wohnmobil
- Kopien von Dokumenten (Ausdruck und/oder in der Cloud bzw. einer Mail)
- Persönliche Arzneimittel
- Sonnenbrille plus Ersatzbrille
- Smartphone (samt Ladekabel plus ggf. Powerbank)
- Trinkflasche
- Erste-Hilfe-Set
- Fotoausrüstung (samt Ladegeräten und ausreichend Speicherkarten)
- Navigationsgerät (falls von früheren Reisen vorhanden)
- Steckdosenadapter plus Mehrfachsteckdose
- Sonnencreme
- Kopfbedeckung
- Geschirrtücher
- Handtücher
- Badelatschen
- Drahtbügel und Wäscheklammern
- Panzertape
- Ggf. gutes Messer und Multitool (in das Aufgabegepäck packen!)
- Corona-Schutzmasken
- Bei Familien: Spielzeug für den Nachwuchs
- Kartenspiele etc.

Wohnmobil-Wörterbuch: Englisch-Deutsch

Englisch	Deutsch
A/C Aircondition	Klimaanlage
AAA („Triple A“)	American Automobile Association (amerikanischer Automobilclub, vergleichbar dem ADAC)
Accelerator pedal	Gaspedal
Accident	Unfall
Additional driver	Zusatzfahrer
Alternator	Lichtmaschine
Automatic transmission	Automatikgetriebe
Awning	Markise
Black water	Abwasser aus der Toilette
Booster cable	Starthilfekabel
Brakes	Bremsen
Breakdown	Panne
Cereals	Cornflakes, Müsli
Chassis	Fahrgestell
Chocks/levelling blocks	Unterlegkeile
Clearance	Durchfahrthöhe (Brücken, Tankstellen etc.)
Clothesline	Wäscheleine
Corn cobs	Maiskolben
Crossing	Kreuzung
Cruise control	Tempomat
Dinette	Sitzgruppe
Dishwashing soap	Geschirrspülmittel
Drivers Licence	Führerschein
Dryer	Wäschetrockner
Dump station	Entsorgungsstation für Abwasser
Engine	Motor
Engine hood	Motorhaube

Englisch	Deutsch
Engine oil	Motoröl
Engine temperature	Motortemperatur
Exhaust	Auspuff
Exterior mirrors	Außenspiegel
Fading	Nachlassende Bremskraft wg. überhitzender Bremsen
Farmer's bread	Schwarzbrot
Flash flood	Sturzflut
Flat tire	Reifenpanne
Flour	Mehl
Foil	Alufolie
Fresh water	Frischwasser
Fridge, refridgerator	Kühlschrank
Fuel (Unleaded)	Benzin (bleifrei)
Full Hook-up	Volle Ausstattung am Stellplatz am Campingplatz (Strom, Frischwasser, Abwasser etc.)
Gas detector	Gasmelder
Gas station	Tankstelle
Gas tank	Gastank/Benzintank
Generator	Generator
Grey water	Abwasser aus Dusche und Küche
Ham (sliced)	Schinken (in Scheiben)
Handbrake	Handbremse
Hazard warning lights	Warnblinkanlage
Height adjustable steering wheel	Höhenverstellbares Lenkrad
Hitchhiker	Anhalter
Honey	Honig
Hot water boiler	Warmwasserboiler
Jam	Marmelade
Laundry	Wäscherei

Englisch	Deutsch
Levelling	Austarieren des Wohnmobils (ggf. mit Unterlegkeilen)
Liability	Haftung
Lifting roof	Hubdach
LPG	Propangas
Matches	Streichhölzer
Merge	Reißverschlussverfahren, wenn zwei Spuren zusammengeführt werden
Mile post	Meilenpfosten an Schnellstraßen (z.B. am Alaska Highway)
Monitor	Kontrollpanel für Wasser, Strom etc.
Oil level	Ölstand
Oil temperature/Oil pressure	Öltemperatur/Öldruck
Oven	Ofen
Overdrive	Zusatzgang beim Getriebe
Overflow parking	(einfacher) Zusatzparkplatz, wenn der eigentliche Campingplatz ausgebucht ist
Power connection	Stromanschluss
Power steering	Servolenkung
Preparation Fee	Bereitstellungsgebühr
Propane	Propangas
Pull-thru Site	Stellplatz zum Durchfahren
Radiator (engine)	Kühler (Motor)
Radiator fluid	Kühlerflüssigkeit
Rear lights	Rücklichter
Rear view camera	Rückfahrkamera
Rear view mirror	Rückspiegel
Rubber gloves	Gummihandschuhe
RV (Recreational vehicle)	Wohnmobil, Camper
Saccharin, sweetener	Süßstoff
Scenic Routes	Besonders schöne Strecken

Englisch	Deutsch
Self-contained	Selbstversorger (Dusche und Toilette an Bord)
Sewer	Abwasser(-schlauch)
Shoulder	Randstreifen, oftmals geschottert
Shower	Dusche
Sink	Spüle bzw. Waschbecken
Site	Stellplatz auf Campingplatz
Smoke detector	Rauchmelder
Soap	Seife
Speeding	Zu schnelles Fahren (Überschreiten der Höchstgeschwindigkeit)
Spices	Gewürze
Stove	Herd
Tire pressure	Reifendruck
Toll	Maut
Turnpike/Toll road	Mautpflichtige Straße (von Privatunternehmen betrieben)
Turn signal	Blinker
U-Turn	180-Grad-Wende
Vinegar	Essig
Washing powder	Waschpulver
Waste separation	Mülltrennung
Whole wheat bread	Vollkornbrot
WiFi	WLAN
Yield	Vorfahrt gewähren

Wohnmobil-Wörterbuch: Deutsch-Englisch

Deutsch	Englisch
180-Grad-Wende	U-Turn
Abwasser aus der Toilette	Black Water
Abwasser aus Dusche und Küche	Grey water
Abwasser(-schlauch)	Sewer
Alufolie	Foil
Anhalter	Hitchhiker
Auspuff	Exhaust
Außenspiegel	Exterior mirrors
Austarieren des Wohnmobils (ggf. mit Unterlegkeilen)	Levelling
Automatikgetriebe	Automatic transmission
Benzin (bleifrei)	Fuel (Unleaded)
Bereitstellungsgebühr	Preparation Fee
Besonders schöne Strecken	Scenic routes
Blinker	Turn signal
Bremsen	Brakes
Cornflakes, Müsli	Cereals
Durchfahrthöhe (Brücken, Tankstellen etc.)	Clearance
Dusche	Shower
Entsorgungsstation für Abwasser	Dump station
Essig	Vinegar
Fahrgestell	Chassis
Frischwasser	Freshwater
Führerschein	Drivers licence
Gasmelder	Gas detector

Deutsch	Englisch
Gaspedal	Accelerator pedal
Gastank	Gas tank
Generator	Generator
Geschirrspülmittel	Dishwashing soap
Gewürze	Spices
Gummihandschuhe	Rubber gloves
Haftung	Liability
Handbremse	Handbrake
Herd	Stove
Höhenverstellbares Lenkrad	Height adjustable steering wheel
Honig	Honey
Hubdach	Lifting roof
Klimaanlage	A/C Aircondition
Kontrollpanel für Wasser, Strom etc.	Monitor
Kreuzung	Crossing
Kühler (Motor)	Radiator (engine)
Kühlerflüssigkeit	Radiator fluid
Kühlschrank	Fridge, refridgerator
Lichtmaschine	Alternator
Maiskolben	Corn cobs
Markise	Awning
Marmelade	Jam
Maut	Toll
Mehl	Flour
Motor	Engine
Motorhaube	Engine hood
Motoröl	Engine oil
Motortemperatur	Engine temperature

Deutsch	Englisch
Mülltrennung	Waste separation
Nachlassende Bremskraft wg. überhitzender Bremsen	Fading
Ofen	Oven
Ölstand	Oil level
Öltemperatur/Öldruck	Oil temperature/Oil pressure
Panne	Breakdown
Propangas	LPG, Popane
Randstreifen	Shoulder
Rauchmelder	Smoke detector
Reifendruck	Tire pressure
Reifenpanne	Flat tire
Rückfahrkamera	Rear view camera
Rücklichter	Rear lights
Rückspiegel	Rear view mirror
Schinken (in Scheiben)	Ham (sliced)
Schwarzbrot	Farmer's bread
Seife	Soap
Selbstversorger (Dusche und Toilette an Bord)	Self-contained
Servolenkung	Power steering
Sitzgruppe	Dinette
Spüle bzw. Waschbecken	Sink
Starthilfekabel	Booster Cable
Stellplatz auf Campingplatz	Site
Stellplatz zum Durchfahren	Pull-thru Site
Streichhölzer	Matches
Stromanschluss	Power connection

Deutsch	Englisch
Sturzflut	Flash flood
Süßstoff	Sccharin, sweetener
Tankstelle	Gas station
Tempomat	Cruise control
Unfall	Accident
Unterlegkeile	Chocks/levelling blocks
Vollkornbrot	Whole wheat bread
Vorfahrt gewähren	Yield
Warmwasserboiler	Hot water boiler
Warnblinkanlage	Hazard warning lights
Wäscheleine	Clothesline
Wäscherei	Laundry
Wäschetrockner	Dryer
Waschpulver	Washing powder
WLAN	WiFi
Wohnmobil, Camper	RV (Recreational vehicle)
Zu schnelles Fahren (Überschreiten der Höchstgeschwindigkeit)	Speeding
Zusatzfahrer	Additional driver
Zusatzgang beim Getriebe	Overdrive

Bildnachweis:
Alle Fotos von Christian Dose bzw. Pixabay bzw. Unsplash, ausgenommen: Arizona Office of Tourism S. 178o, 182u | Britz Motorhome Rentals U2 li | CANUSA Touristik S. 118 (Kathrin Mantczel), 175 (Nicole Haarmann), U2/S.1 o (Tilo Krause-Dünow) | Colorado Tourism Office S. 189o | Cruise America S. 10, 40, 50o re, 51u re, 51 re o, 51 li mi, 52u li, 52u re, 52o re, 52mi li | David Welch S. 256 | Disney S. 266o | El Monte U4u | Florida Keys News Bureau S. 73, 269u (Laurence Norah), 270 (Rob O'Neal) | Fraserway S. 50u li, 50u re, 51u li, 53mi li, 53mi re, 53u re, 60 | Illinois Office of Tourism S. 240o, 241o, 241u, 242o | iStock Onfokus SU4 M | iStock swissmediavision Cover, S.1 re | Kennedy Space Center Visitor Complex S. 264u | Maine Office of Tourism S. 252o, 253 | RiversAndRoutes S. 242u | Road Bear S. 12 (Mark Clinton), 53u li, 53o re, 54, 94 (Mark Clinton), 121 (Mark Clinton), Rückseite (Mark Clinton), U4o (Mark Clinton) | Rt 100 Partnership S. 256 | Schwartz, Rick and JustEnoughFocus.com S. 268o | shutterstock David Rasmus U2 re | shutterstock Mike Flippo S. 1 li | Virginia Beach CVB S. 274